Je n'ai point le projet, en écrivant ces mémoires, de m'essayer à juger les hommes que j'ai connus, les événements que j'ai traversés ; mon seul but est de charmer les derniers jours qui me restent à vivre, par les souvenirs d'une existence longue et laborieuse, qui n'a pas été, j'ai l'orgueil de le croire , tout à fait inutile à mes concitoyens.

Je garderai , autant que je le pourrai , dans ces Mémoires, l'ordre chronologique des faits, mais il pourrait bien arriver que quelques erreurs de dates se glissassent dans mon récit. Quant à mon style, il se ressentira nécessairement du siècle auquel j'appartiens par mon âge , par mes études, et, faut-il le dire, par mes affections et par mes admirations : il ne sera ni *pittoresque* , comme l'on dit aujourd'hui , ni pompeux ; mais je ferai tous mes efforts pour qu'il soit clair et approprié aux objets que je traiterai.

Mes souvenirs ne sont pas circonscrits dans les limites du Palais : la révolution, de 1789 a rendu à la toge de l'avocat l'importance qu'elle avait dans la Rome consulaire : le temple des lois, la haute administration, l'armée elle-même ont trouvé, depuis soixante années, dans le barreau, des sujets éminents ; les rédacteurs de notre Code civil, le vainqueur d'Hohenlinden et le tiers des législateurs de l'Assemblée constituante étaient des avocats.

La société française sera donc mon domaine dans toutes les phases qu'elle a parcourues depuis un demi-siècle, et je me trouverai naturellement conduit à parler autant d'arts, de belles-lettres et de politique, que de lois et de procès.

Le lecteur aura sans doute de l'indulgence pour un auteur de quatre-vingts ans ; il me pardonnera mes inégalités, mon allure ; il me pardonnera mes croyances, si toutefois des convictions profondes et sincères avaient besoin d'être pardonnées. Enfin, tout en me tenant compte des efforts que je ferai pour l'intéresser et pour l'instruire, il se rappellera ces paroles de Montaigne :

« La vieillesse nous attache plus de
» rides en l'esprit qu'au visage. »

Et ce mot charmant du premier de nos
philosophes sera ma sauve-garde et ma
justification.

I.

Mon origine. — Mon penchant pour l'état militaire. —
Le comte de Cerisy. — Les mousquetaires gris. —
Le roi de Danemarck. — Gerbier.

Je suis né à Paris, le 17 octobre 1750.
Mon père, l'un des plus riches mar-
chands de draps de la rue Saint-Denis,
et renommé pour sa probité, dans un
temps où la probité commerciale n'était
pas aussi rare qu'aujourd'hui, quitta,
presque au moment de ma naissance,

son négoce, et se retira dans une belle maison qu'il avait fait bâtir vers le haut du faubourg Saint-Martin.

J'étais le dernier de six enfants, dont trois seulement vivaient encore. C'est assez dire que l'affection de mes parents pour le dernier venu de la famille était vive et profonde. Cette affection ne faisait cependant aucun tort à la tendresse légitime qu'on portait à mes aînés, et je ne retirai d'autre fruit de cette préférence que de recevoir une instruction plus complète et plus libérale que mes frères, qui, destinés dès le berceau au commerce, avaient dû se contenter des leçons d'un maître d'école du voisinage.

J'entrai à l'âge de dix ans au collège d'Harcourt. J'avouerai sans vanité que, doué d'une heureuse mémoire et d'une facilité qui étonnait souvent mes professeurs, j'acquis en peu d'années la répu-

tation d'un bon écolier. Je parcourus
mes classes avec succès , et j'obtins en
rhétorique et en philosophie le double
prix d'honneur que l'Université décernait
alors à ses enfants les plus méritants.

Couronné des lauriers universitaires,
je rentrai en triomphateur dans la maison paternelle. Et ici, je ne dissimulerai
pas la secrète joie qui inondait mon
cœur, quand je me vis , à dix-huit ans à
peine , l'arbitre , le conseiller , j'oserai
même dire le régulateur de ma famille.
On me consultait comme un oracle , et
on m'écoutait avec le même respect :
mes frères , mon père lui-même se lais-
saient entraîner à la force de l'exemple.

Ma mère seule, bonne et tendre femme
qui joignait à la simplicité des mœurs
antiques un esprit vif et pénétrant , sou-
riait des respects prématurés dont j'étais
l'objet , et me disait souvent :

— Mon cher fils. on fait grand cas de votre sagesse ; on vante fort les bons conseils que vous donnez ; ne soyez pas si prodigue , et réservez pour vous-même un peu de cette sagesse et beaucoup de ces conseils.

Ma mère avait raison.

Je m'étais lié d'une étroite amitié au collége d'Harcourt avec le jeune comte de Cerisy, neveu du maréchal de Biron. Sortis presqu'en même temps du collége, nous nous étions retrouvés, non pas dans le monde , mais dans les promenades publiques.

— Que fais-tu ? me dit un jour Cerisy, à quoi te destines-tu ?

— Ma foi, lui répondis-je, mon ami , mes idées ne sont pas encore bien arrêtées sur ce chapitre ; mon père pencherait pour que j'achetasse une charge de conseiller au Parlement ; mais je ne me sens pas assez de vertu pour consacrer ma vie à juger des procès.

— Fi donc, repartit Cerisy, il vaudrait mieux te faire chartreux que robin. L'existence du magistrat est la plus lourde, la plus ennuyeuse , la plus stérile de toutes les existences, et passer des bancs du collége sur les banquettes fleurdelysées du Parlement me semblerait le comble de la folie. Mon ami , fais comme moi , prends le parti des armes : j'entre dans huit jours aux mousquetaires gris , et d'ici à huit ou dix ans , j'espère bien devenir brigadier des armées du roi.

— Y penses-tu , lui répondis-je , me proposer à moi d'entrer dans une compagnie rouge , et dans les mousquetaires gris encore ? Suis-je noble de race comme toi ?

— Ton père, si je ne me trompe, a été échevin ?

— Oui, sans doute.

— Eh bien ! cette dignité bourgeoise ennoblit , tu es aussi bon gentilhomme que moi. Au surplus, tu as de la fortune, de la taille, de la figure, avec cela les parchemins ne sont pas d'une absolue nécessité. Je parlerai à M. le maréchal de Biron , mon oncle, de cette affaire-là , et s'il se présente quelques obstacles , son crédit pourra les aplanir sans peine.

Séduit par la brillante perspective qu'on présentait à mon imagination , je parlai dès le jour même avec enthousiasme à mon père de mes projets belliqueux.

— Je ne contrarierai pas vos goûts, mon cher enfant, me répondit-il, et je ferai tous les sacrifices nécessaires à votre bonheur. Mais réfléchissez mûrement au parti que vous allez embrasser, et ne prenez pas pour une vocation irrésistible un vague désir de gloire et de renommée. La carrière des armes est belle et honorable, mais ne la parcourt pas qui veut avec avantage. Vous n'êtes pas d'une naissance à y réussir, et vous languirez bien des années dans des grades subalternes avant de parvenir (si toutefois vous y parvenez), à un poste capable de vous donner le rang et la considération que vos talents et vos lumières doivent vous faire espérer.

— Mais, mon cher père, répondis-je, le maréchal de Fabert était le fils d'un imprimeur de Metz, et, de nos jours, M. de Chevert n'était qu'un pauvre orphelin sans fortune et sans appui.

— Vous citez là deux hommes qui ont été favorisés par les circonstances, répartit mon père, et l'on pourrait vous en nommer mille qui ont succombé obscurément dans la carrière où ils s'étaient pourtant distingués par des actions d'éclat. Au surplus, mon fils, je vous le répète, je ne combattrai pas votre inclination, mais je veux être bien persuadé que votre détermination ne sera pas le résultat d'un entraînement éphémère ou d'une futile vanité.

Ma mère, qui assistait à cet entretien, que j'abrège nécessairement pour ne pas fatiguer le lecteur, me dit tout bas :

— Mon fils, nous avions, votre père et moi, compté sur vous pour embellir nos derniers jours, pour charmer notre vieillesse : la déception sera cruelle ! mais, je vous en supplie, avant de rien conclure, faites usage de votre raison, et prenez un peu de ces conseils que vous savez si bien donner aux autres.

Il y avait dans le son de voix de ma mère quelque chose de si tendre et de si affectueux , le reproche indirect qu'elle m'adressait était accompagné d'un sourire d'une douceur si amère et si triste , que je ne cherchai pas à insister plus longtemps sur mes projets d'état.

— Ne craignez rien , ma mère, lui répondis-je, je ne vous quitterai pas. Quelque avantage que pourrait me présenter une carrière, je me ferais un scrupule de la suivre dès l'instant où elle vous coûterait un regret , une illusion ou une larme.

J'écrivis au comte de Cerisy une longue lettre , où , après l'avoir remercié de sa sollicitude fraternelle , je le priais de ne plus penser à moi pour les mousquetaires, en lui déduisant les motifs de mon refus.

Lorsque je défendis, en 1794, ce même comte de Cerisy devant le tribunal révolutionnaire, il me rappela cette lettre en me disant :

— Vous avez très bien fait, mon ami, et pour vous, et surtout pour moi, de ne point porter le mousquet. Où en serionsnous aujourd'hui l'un et l'autre ?

— Oreste et Pylade chemineraient sur le même tombereau vers la place de la Révolution, répartis-je, car j'aurais été fidèle à l'amitié.....

— Comme vous l'êtes au malheur, interrompit le comte ; mais Oreste et Pylade ont besoin de vivre encore quelques années pour s'aimer et pour se le dire.

Un événement quasi-politique fixa mes irrésolutions sur le choix d'un état, et combla de joie ma famille en rivant en

quelque sorte ma destinée au seuil de la
maison paternelle.

En 1768, le roi de Danemarck vint à
Paris. Comme Pierre-le-Grand, le monarque voyageur voulait tout examiner
de ses yeux, et comme Pierre-le-Grand,
il fut reçu par la cour de Louis XV avec
une magnificence et une délicatesse dignes de la nation.

Le roi manifesta le désir d'assister à
une séance du Parlement de Paris, et le
24 novembre 1768 fut le jour désigné
pour cette visite royale.

Le Parlement, toutes les Chambres
assemblées, siégeait dans la Grande-
Chambre.

M. Etienne d'Aligre, premier président, ouvrit la séance à dix heures, après
avoir reçu le roi de Danemarck à la des-
cente de son carrosse et l'avoir installé

dans la loge ou lanterne qui lui avait été
préparée.

Gerbier, le premier des avocats du
temps, présenta les lettres du nouveau
chancelier (M. de Maupeou), et, dans
un discours où l'éclat de la pensée s'unis-
sait à la grâce du style et à l'originalité
des images, il en demanda l'enregistrement.

J'entendais pour la première fois ce
grand orateur. L'effet qu'il produisit sur
l'assemblée fut prodigieux, et je me trouvais comme tous les assistants, à commencer par le roi de Danemarck, sous le
charme de cette parole puissante, qui
semblait appartenir moins à un homme
qu'à un dieu.

Gerbier réunissait dans sa personne
tout ce qui constitue en effet l'orateur :
sa prestance était noble, sa voix était
pleine et sonore, sa physionomie belle et

expressive. Au début de son discours , il
était grave et imposant , son geste était
rare , son débit était lent et majestueux ;
mais à peine avait-il franchi les prolégo-
mènes de sa cause, à peine s'était-il déli-
vré des entraves du *fait,* qu'à cet air placide et majestueux succédait une véhé-
mence lumineuse , étoilée , ardente. Le
front de l'orateur s'épanouissait alors
sous les flots de la pensée , ses traits
mâles s'illuminaient d'une lueur merveilleuse, et chaque parole , comme une
flèche de feu, allait porter dans la conscience du juge la conviction dont l'âme
de l'avocat était pénétrée. La tribune
française n'avait plus rien à envier aux
tribunes d'Athènes et de Rome : car Eschine , Démosthènes et Cicéron auraient
trouvé dans Gerbier un rival , s'ils n'y
avaient pas trouvé un maître.

En admirant cet homme , dont la renommée m'avait bien appris les talents et l'éloquence, mais dont j'étais si loin de deviner la puissance, je compris qu'il y avait au monde une profession où l'on pouvait faire tourner au profit de la société et de l'humanité tout entière les dons qu'on avait reçus de la nature. Je compris que cette profession, pour être embrassée avec succès, suivie avec persévérance, avait besoin d'être garantie par l'indépendance que donne une fortune médiocre (*mediocritas aurea*) et un caractère exempt d'ambition.

Je crus réunir ces deux conditions, et en sortant de la Grand'Chambre, le 24 novembre 1768, je me dis, tout ému encore des accents de Gerbier :

— Je serai avocat.

Mon père accueillit avec bonheur, je dirai presque avec gratitude, la résolution que j'avais prise.

— Il n'est pas donné à tous de parvenir au rang illustre des Cothin et des Gerbier, me dit-il, avec le bon sens exquis du vieux bourgeois de Paris, mais il est glorieux encore de marcher de loin sur les traces de ces grands hommes. Mon enfant, je ne lis pas dans l'avenir, j'ignore si tu seras un jour un grand orateur, un savant avocat, mais ce que je sais bien, c'est que tu posséderas la qualité la plus essentielle, la plus nécessaire, pour devenir l'un ou l'autre : tu seras un honnête homme. Cette qualité est la base et le fondement de toutes les grandes vertus et de tous les grands talents.

Je suivis immédiatement mes cours de droit, et mon père me mit entre les mains de M⁰ Loiseau de Mauléon, avocat au Parlement, sous l'égide duquel je devais faire mes études de jurisprudence et mon stage. Cet avocat, aussi distingué par ses travaux de palais que par son esprit, mérite que j'en fasse ici le portrait.

M° Loiseau de Mauléon était un petit homme maigre, sec et bossu, en tout assez semblable au juge-mage dont parle Jean-Jacques Rousseau dans ses *Confessions*. Profondément instruit, criminaliste savant, il exerçait depuis plus de trente ans, sans avoir jamais mis le pied au palais pour plaider. Il prétendait que la faiblesse de sa poitrine lui avait interdit la plaidoirie; mais la vérité était que l'exiguité de sa stature était le seul motif du silence qu'il avait gardé.

Quand M° Loiseau endossait sa robe d'avocat, ce qui, par bonheur, ne lui arrivait que fort rarement, son humeur, d'ordinaire agréable et bénigne, devenait morose et acariâtre : c'était Hercule revêtu de la tunique de Nessus. Les sarcasmes, les plaisanteries amères, les re-

montrances piquantes ne lui coûtaient
rien.

Le pauvre petit bonhomme se vengeait
ainsi de la disgracieuse forme de sa personne, ou plutôt dans la crainte de trouver une satyre dans la bouche d'autrui,
il jugeait convenable de prendre l'initiative de la méchanceté.

Du reste, M° Loiseau avait un cœur
d'or, une intelligence de premier ordre
et une âme généreuse. Le choix de l'ami
fait presque toujours la critique ou l'é-
loge des hommes ; or, M° Loiseau avait
été l'ami du bon Rollin, l'auteur du *Traité
des Études*, recteur de l'Université. L'austère avocat n'avait pas même dédaigné
de gravir le Parnasse pour composer les
quatre vers suivants, vers peu connus,
qu'il fit mettre au-dessous du portrait de
M. Rollin, gravé par Petit :

« A cet air vif et doux, à ce sage maintien,
» Sans peine de Rollin on reconnaît l'image;
» Mais, crois-moi, cher lecteur, médite son ouvrage,
» Pour connaître son cœur et pour former le tien. »

Je passai cinq années auprès de M. Loiseau de Mauléon. Mon ardeur était extrême, et je ne voyais que le moment de m'élancer sur les bancs du barreau, quand six mois à peu près avant l'accomplissement de mon stage, M. Loiseau me dit en entrant dans ma chambre (car j'étais en pension chez lui) et en jetant sur ma table une énorme liasse de papiers et un dossier formidable :

— Vous êtes en état de plaider; j'ai obtenu de M. le premier président une dispense pour les six mois de stage qui vous restent à faire. Travaillez-moi cette procédure, pénétrez-vous bien des faits du procès, en un mot, faites votre plaidoirie et montrez-la-moi , je l'amenderai et la corrigerai.... Dans huit jours , vous parlerez au Parlement.

Huit jours après, en effet, je plaidai au Parlement, mais je perdis mon procès.

II.

Je perdis ma cause !!!

Cet échec, auquel j'étais loin de m'attendre, me parut, au début de ma carrière, d'un sinistre augure. Pendant trois jours, je n'allai point au Palais : je croyais que ma défaite devait se lire sur ma physionomie.

Enfermé dans ma chambre, je relisais sans cesse ma malencontreuse plaidoirie, et je cherchais vainement à y trouver ce choix d'expressions, cette logique brillante et serrée, ces arguments triomphants que j'aimais tant à applaudir dans les plaidoyers de mes *anciens*.

— Et pourtant, me disais-je, j'ai étudié ma cause sous toutes ses faces avec une consciencieuse exactitude ; j'avais la conviction de sa bonté ; pourquoi les juges n'ont-ils pas partagé cette conviction ? pourquoi ont-ils décidé en faveur de mes adversaires ? J'ai négligé, j'en suis sûr, quelques développements importants ; je n'ai point assez insisté sur la question de droit.

C'en est fait, ma vocation n'est qu'une chimère, je n'acquerrai jamais les qualités essentielles à un avocat ; je ne pourrai désormais sans indélicatesse et

sans folie me charger de causes que je
n'aurais pas le talent de défendre.

M° Loiseau de Mauléon, témoin de
mon découragement et de ma tristesse,
ne se lassait pas de me consoler.

— Croyez-vous donc, me disait-il, que
la profession d'avocat soit exempte de
tribulations et d'amertumes ? Les hommes les plus éminents du barreau ont
éprouvé et éprouvent encore chaque jour
des défaites semblables à celle que vous
avez essuyée. Les combats de la parole
ressemblent aux combats de l'épée : la
victoire ne les couronne pas constamment. Nos illustres devanciers Lemaître,
Patru, Erard, Gilet, Gauthier, Cochin
lui-même, ne sont pas toujours sortis
vainqueurs des luttes acharnées du pré-
toire. Si après ces noms augustes, il m'é-
tait permis de me citer pour exemple, je
vous dirais qu'à mon entrée dans la car-

rière j'ai perdu mes six premières causes.
Ce qui ne m'a pas empêché, grâce à Dieu,
de conquérir une place honorable dans
le barreau, et d'inspirer aux plaideurs,
par mes travaux, mon assiduité et mon
zèle, une confiance que je me suis sans
cesse appliqué à mériter. Mon neveu (1)
ira peut-être plus haut que moi, mais à
coup sûr il n'ira pas plus loin. Mon cher
et jeune confrère, rappelez-vous bien que
l'avocat doit prendre pour devise ces belles paroles qui ornent le blason d'une antique et noble maison de France :

Fais ce que dois, advienne que pourra.

Quand vous vous êtes chargé d'une cause,
employez tout ce que Dieu vous a donné

(1) M. Jacques-Michel-Louis Loiseau de Mauléon,
qui s'éleva souvent à la hauteur de Gerbier, et qui a
laissé au Palais une réputation aussi brillante que méritée.

de lumières , de sens et de sagacité pour
en préparer , pour en déterminer le
triomphe, mettez-y tout votre cœur, car
a dit Quintillien : *Pectus est quod disertos
facit.* Lorsque vous aurez accompli tous
ces devoirs, plaidez, plaidez hardiment ,
et laissez à la conscience de vos juges le
soin de trancher le nœud gordien. Mais
si l'avocat ne doit point avoir d'orgueil
dans la victoire , il doit bien se garder
aussi de l'abattement dans la défaite. Fort
dans l'une et l'autre occurrence du témoignage de sa conscience , il peut , il est de
son honneur même de se montrer supérieur aux petites joies de l'amour-propre
satisfait, comme aux rancunes misérables
de la vanité blessée.

Ces remontrances pleines de sagesse de
M⁰ Loiseau de Mauléon produisirent sur
mon esprit un effet salutaire : je repris
mes études avec une nouvelle ardeur ; je

reparus au palais, et bientôt deux causes que je gagnai successivement effacèrent les dernières traces de ma défaite et me comblèrent d'espérance et de joie.

— Il faut penser, mon cher confrère, me dit un jour mon Mentor, à former votre bibliothèque. Vous avez choisi un modeste appartement aux alentours du palais, vous l'avez meublé d'une manière toute spartiate, c'est fort bien ; mais si l'avocat doit se montrer partisan de la simplicité des temps antiques dans son ameublement, il doit aussi témoigner, je ne dirai pas par le luxe, mais par l'importance de sa bibliothèque, tout l'amour, toute la tendresse qu'il porte aux trésors de l'intelligence. La science des lois se rattache à toutes les grandes pensées de l'homme, et Démosthènes, Eschine, Cicéron, Montesquieu, Machiavel et Puffendorf, peuvent se rencontrer avec Homère, Euripide, Sophocle, Virgile, Horace, Corneille et Molière, sur les rayons d'une même bibliothèque.

— Je possède les œuvres des grands hommes que vous venez de citer, répondis-je à M° Loiseau ; mais je n'ai point encore les ouvrages de jurisprudence nécessaires à ma profession. Oserais-je, mon cher maître, vous prier d'être encore dans cette occasion mon guide et mon pilote ?

— Volontiers, répartit M° Loiseau, qui n'attendait que cette sollicitation pour agir ; vous savez que mes faibles lumières sont à votre disposition.

Au bout de quelques jours, ma bibliothèque s'était enrichie des Conseils de Pierre de Fontaine à son ami, composés en 1253 ; des Assises du royaume de Jérusalem, rédigées par Jean d'Iblin, comte d'Ascalon, en 1250, publiées en 1690 par la Thomassière ; du Speculum juris , de Guillaume Durand, 1261 ; des œuvres de Barthole et des Commentaires des Institutes, de Jean Faber, 1300 ; de la Somme rurale, ou le Grand Coutumier de France, par Jehan Bouteillier, 1360 ; des Coutumes notoires et des Décisions de Jean Desmarets, 1360 ; du Songe du Vergier, de Raoul de Presles ; des œuvres d'Alciat ; des Annotations sur les Pandectes , de Guillaume Budé , 1522 ; des Commentaires des fiefs et censives de la Coutume de Paris , de Dumoulin ; des œuvres de Cujas, 1578 ; du Traité des Parlements de France, de Laroche-Flavin, 1583 ; de la République , de Bodin , 1589 ; de la Puissance paternelle, de Pierre Ayrault ; enfin les Coutumes écrites des provinces de France, qui se montaient à plus de soixante ; les Harangues et Plaidoyers des orateurs français, les principaux écrits de

Loisel, de Guy Coquille, de Pierre Pithou
et de Miraumont, complétèrent, avec les
volumineux in-folios des Lois romaines,
commentées, annotées et expliquées, la
formation de ma bibliothèque d'avocat.

— Voilà tout ce que vous avez à lire, à
apprendre et à méditer, me dit Me Loiseau de Mauléon en me mettant en possession de ces richesses. Souvenez-vous,
mon jeune confrère, que la robe ne constitue pas plus l'avocat, que l'uniforme ne
fait le soldat ; c'est à ces sources vives
d'éloquence, de vérité et de lumières que
vous puiserez désormais de nouvelles for-
ces et de nobles inspirations. Dieu et votre
vertu feront le reste.

Je suis entré dans ces détails, qui n'auront peut-être qu'un médiocre intérêt
pour le plus grand nombre de mes lecteurs, dans la vue de donner à mes jeunes
confrères du barreau une idée de l'im-

portance des études auxquelles devaient s'astreindre les avocats d'autrefois.

Le Code uniforme de lois qui régit aujourd'hui la France, a simplifié considérablement ces études ; mais je ne crains pas de l'affirmer ici, l'avocat qui veut fonder une réputation durable, ne doit pas les négliger. La facilité du langage, l'éclat du style, la connaissance même approfondie de nos Codes, ne suffisent pas. Il faut joindre à ces qualités, fort nécessaires et très estimables sans doute, les enseignements du passé et la lecture assidue de ces immortelles archives de la prudence et de la sagesse humaine. La jurisprudence est fille de l'histoire, il n'est pas permis à l'avocat d'ignorer l'une et de mépriser l'autre.

A la suite d'un procès que j'avais gagné au Parlement, vers la fin de 1771, Me Loiseau de Mauléon vint me voir.

— Je vous apporte, mon jeune confrère, me dit-il, mon tribut de félicita-
tions sur le gain de votre cause. Ce n'est
pas tout, votre plaidoirie a fait du bruit
au palais. Me Gerbier a témoigné le désir
de vous voir, et je vous mène ce soir chez
lui.

Je croyais rêver.

— Qui? moi? m'écriai-je. En vérité,
monsieur, si tout autre que vous me faisait cette invitation, je croirais que c'est
une plaisanterie.

— Vous savez, mon jeune confrère, ré-
partit Me Loiseau en se pinçant les lèvres,
que je ne plaisante jamais. Venez me
prendre chez moi, à six heures précises,
et nous nous acheminerons ensemble vers
l'hôtel, j'allais dire vers le palais de notre
illustre confrère.

Pour se bien expliquer mon étonnement, il faut savoir que la maison de

Gerbier était le rendez-vous de l'élite de la société parisienne. Le salon de ce grand orateur était un terrain neutre où se rencontraient la noblesse, la haute bourgeoisie, le clergé, la finance, la magistrature, les artistes et les littérateurs les plus en renom de l'époque. L'égalité régnait au milieu de ces splendides réunions ; mais n'y était pas admis qui voulait. Mon âge, l'obscurité de mes essais, devaient m'interdire longtemps encore jusqu'à la pensée d'être accueilli chez le prince de la parole.

Qu'on juge de ma joie !

J'allai prendre, comme nous en étions convenu, M° Loiseau chez lui, et une heure après, notre modeste fiacre nous descendait sous le péristyle de l'hôtel de M° Gerbier.

Mes yeux dès l'abord furent éblouis de la magnificence toute royale de cette de-

meure. Les salons étaient presque déjà
remplis d'une foule de visiteurs , et les
flots de clarté que jetaient les lustres et
candélabres sur la toilette des femmes ,
sur les costumes brillans, somptueux ou
austères des hommes formaient un spectacle tout nouveau pour moi.

En apercevant M° Loiseau de Mauléon,
Gerbier quitta le groupe au milieu duquel il était, et s'avança vers nous.

— Mon cher confrère, dit M° Loiseau ,
j'obéis à vos désirs. Je vous présente le
jeune avocat dont vous m'avez parlé hier
avec tant d'éloges.

Gerbier me prit les mains.

— Avec un tel guide , monsieur , me
dit-il en désignant M° Loiseau , vous de-
viez dès votre début vous faire connaître
avantageusement.

— Oui , monsieur , répondis-je , et
l'honneur que vous voulez bien me faire

aujourd'hui est pour moi le présage d'un heureux avenir. Désormais je marcherai dans la carrière sous les auspices de la science et du génie.

Ce double compliment que j'adressais à mon maître et à mon hôte était assez mal tourné ; mais l'émotion que j'éprouvais ne permit pas à mon esprit de s'élever plus haut.

Tandis que Gerbier s'entretenait avec M⁰ Loiseau de Mauléon de quelques particularités qui avaient trait aux affaires du moment, j'admirais en silence le roi du barreau.

Gerbier, chez lui, n'était plus cet orateur passionné, ardent, majestueux, qui entraînait tout par la magie de sa parole (1) ; c'était un homme doux, affectueux, légèrement enjoué, dont les ma-

____

(1) On plaidait dans les grands jours au Parlement, dans l'audience même du parquet. Souvent l'avocat se

nières étaient aussi simples que le costume. Sa voix, si éclatante et si sonore
lorsqu'il se dressait sous les voûtes de la
Grand'Chambre pour défendre la veuve
et l'orphelin, avait chez lui un timbre
pur et flatteur, et rien dans son geste,
dans son attitude, ne décélait l'orateur
habitué à vaincre et à dominer. Gerbier,
au milieu du luxe qui l'environnait, était
moins beau que sur son banc d'avocat,
mais il n'était pas moins admirable, car
le cœur de l'homme de bien, du philosophe, se trahissait en toutes choses : un
beau vers, une belle pensée, le récit d'une
noble action attendrissait jusqu'aux larmes celui qui avait reçu de Dieu le secret
de les faire couler avec tant d'abon-
dance.

trouvait au milieu de l'audience environné des juges
et des avocats. Cela arrivait presque toujours à Gerbier.

Je me rencontrai ce soir là avec des personnages que je rappellerai plus d'une fois dans le cours de ces Mémoires. Mmes d'Houdetot et d'Epinay, amies de Jean-Jacques Rousseau ; Mme de Lambon, femme d'un avocat de quelque renommée qui fut depuis bâtonnier ; le poëte Saint-Lambert ; le peintre Vien ; le jeune Hérault de Séchelles, qui joua vingt ans plus tard un rôle politique assez important ; M. Lebegue de Presles, médecin, faisaient partie de cette réunion, qui comptait plus de cent personnes.

Mais un homme dont j'avais beaucoup entendu parler, un homme sur lequel on débitait mille fables plus absurdes les unes que les autres, était là et piquait vivement ma curiosité. C'était le fameux comte de Saint-Germain (1).

(1) Le comte de Saint-Germain vint en France à la suite du maréchal de Belle-Isle. Fils, dit-on, d'un juif

Le comte de Saint-Germain n'était guère remarquable que par la simplicité magnifique de ses habits. D'une taille moyenne, d'une figure plus laide que belle et plus rusée que spirituelle, il affectait dans la conversation des réticences qui corroboraient la crédulité d'un grand nombre de personnes dupes de sa prétendue science cabalistique.

Favori de Louis XV, recherché des de Bordeaux et d'une princesse polonaise, il ne tarda pas à obtenir la confiance de la marquise de Pompadour, maîtresse du roi. Le mystère qui couvrait la naissance de cet homme contribua plus que la faveur de la cour à rendre le comte de Saint-Germain un personnage important. Les ministres, et entr'autres le duc de Choiseul, l'entouraient d'une considération vraie ou simulée. On a voulu faire passer (et le duc de Choiseul a donné lui-même cours à ce bruit) pour un agent diplomatique cet homme singulier: mais les personnes que j'ai été à même de consulter sur ce fait, et qui toutes étaient bien instruites, ont démenti cette allégation, qui, au surplus, était dénuée de preuves. Le comte de Saint-Germain passa les dernières années de sa vie auprès du prince de Hesse-Cassel, et mourut à Slessvig en 1784.

grands, le comte de Saint-Germain ne se prodiguait pas dans les salons de Paris, mais il venait volontiers chez M° Gerbier, dont il admirait le talent et dont il honorait le caractère.

Après avoir parcouru les divers salons où il était aussitôt entouré d'un cercle d'auditeurs, le comte de Saint-Germain accosta Vien.

Ce peintre, qui a ouvert par lui-même et par son élève David une ère si glorieuse à l'école française, venait d'être nommé directeur de l'école de Rome, et il devait cette honorable distinction à son tableau de saint Denis prêchant dans les Gaules, page sublime où la force de la pensée s'unit à la noblesse de la composition.

— J'ai vu comme tout Paris votre beau tableau de saint Denis, monsieur, dit le comte, et comme tout Paris, je l'ai admiré. Il y a dans cette composition de la pensée du Dominiquin et de la couleur du Titien.

L'artiste s'inclina et rougit, car Vien, comme tous les hommes d'un mérite émi-nent, avait une modestie qui ressemblait à de la pudeur.

— Vous allez partir pour Rome, mon-sieur, continua Saint-Germain, et après y avoir vécu en élève studieux, vous allez vous y montrer en maître, je vous en fé-licite. Peut-être serai-je assez heureux pour vous y visiter.

— Je serai flatté et honoré de vous y recevoir, monsieur le comte, répartit Vien, dans le palais de France. Mais la visite que vous rendrez à la ville éternelle ne sera sans doute pas la première ?

— J'habitais Rome, reprit de Saint-Germain, sous le pontificat de Sixte-Quint...

Puis s'arrêtant tout à coup comme un

homme qui craint de commettre une in-
discrétion , il ajouta :

— Je désire, monsieur Vien, que vous
me fassiez l'honneur de venir me voir. Je
possède une galerie de tableaux qui n'est
pas indigne des regards d'un artiste tel
que vous. Vous verrez entr'autres un Murillo qui vaut son pesant d'or. Le feu
duc de Malborough m'avait offert cent
mille écus de ce morceau capital , je n'ai
pas consenti à m'en dessaisir pour si
peu.

— Un Murillo ! fit Vien ; mais êtes-vous
bien sûr , monsieur le comte, de l'originalité de votre toile? Les ouvrages de Murillo sont rares et tous connus.

— Si j'en suis sûr ! Je tiens ce tableau
de Murillo lui-même. Je lui ai acheté six
mille ducats à Séville, en 1675 , cette
Sainte-Famille, que je regarde comme la
perle de ma galerie.

Tout le monde se regarda.

Le comte avait prononcé ces mots avec un aplomb, avec un sang-froid si imperturbable , que nul n'aurait osé, par un sourire d'incrédulité, protester contre la véracité du conteur.

L'achat datait d'un siècle !

— Vous me permettrez alors, monsieur le comte, répondit le peintre, d'aller dès demain vous rendre ma visite. Il serait honteux à un artiste de négliger l'occasion d'admirer l'œuvre d'un grand homme, l'une des gloires de l'école espagnole.

— Oui, venez dès demain, monsieur, venez ; et lorsque vous serez à Rome, pensez à Murillo et à moi. Faites-moi un tableau ; je laisse le choix du sujet à votre disposition : le prix offert à Murillo pour sa toile sera celui que je vous prierai d'accepter.

Puis s'apercevant que M° Gerbier était venu se placer dans le cercle qui s'était formé autour de lui, le comte ajouta :

— Vous vivrez longtemps, monsieur Vien, très longtemps, vous deviendrez sénateur..... pas à Rome, mais à Paris. D'ici à ce temps-là, faites-nous autant de beaux tableaux que notre cher Démosthènes, — et il regarda Gerbier, — a plaidé et plaidera de causes (1). Nos ga-

(1) Il ne sera peut-être pas hors de propos de citer ici les principales causes dans lesquelles Gerbier a été entendu. Cette note ne se trouve dans aucun recueil de jurisprudence.

Avant l'exil du Parlement, celle du comte de Montboissier contre sa femme, qu'il accusait de l'avoir fait enfermer par lettre de cachet, et qui demandait sa séparation ; — celle des enfants Simonnet, défendant leur état contre les créanciers de leur père ; — des frères Lyonay, contre les Jésuites, poursuivis comme garants des lettres de change souscrites par le père Lavalette, supérieur des îles du Vent, pour 1,500,000 livres, qu'ils furent condamnés à payer à la veuve de Balthazar Custille, qui avait émis des vœux irréguliers dans l'ordre des Bernardins ; — contre l'abbé et les religieux de Clairvaux, qui, ayant fait enlever cette femme

leries et nos bibliothèques s'en trouveront à merveille.

Lorsque M. Vien, âgé de près de quatre-vingts ans, fut nommé, par l'Empe-

et une fille, issue de son mariage, furent condamnés en
60,000 livres de dommages-intérêts ; — la cause fameuse du comte de Bussy contre la compagnie des In-
des, — et celle du sieur de Rougemont, se prétendant
fils de Mme Hatte.
. Depuis la rentrée du Parlement, la cause du testament de M. de Gouverney, trouvé, après quinze ans,
dans une serre abandonnée, à l'extrémité d'un jardin,
parmi de vieux papiers et des paquets de graines éven-
tées, et dont l'exécution fut ordonnée ; — la cause du
testament de Quesnel, boucher des Invalides, par lequel il réduisait à la légitime, sa fille qui, à l'âge de
vingt-cinq ans, s'était mariée sans son consentement,
et qui fut confirmé ; — la cause célèbre des sieurs de
Queyssac, trois frères, tous trois officiers, contre le
sieur Damade, négociant ; s'étant battus en duel, ils
s'accusaient réciproquement d'assassinat ; — enfin,
celle du testament de l'abbé Desfiltières, attaqué,
comme contenant le fidéi-commis de l'abbé Nicolle,
en faveur des jansénistes, cause dans laquelle Gerbier
fit un éloge très pompeux et très éloquent de l'illustre
maison de Port-Royal. Lorsque la mort vint le sur-
prendre, il s'occupait de sa plaidoirie pour la dame
Sirey, réclamant l'état de fille du marquis et de la marquise de Mouchis.

reur, comte, commandant de la Légion-
d'Honneur et sénateur, je me rappelai la
prophétie du comte de Saint-Germain, et
je ne pus m'empêcher d'éprouver un sentiment de surprise. Les événements réa-
lisent parfois les prédictions les plus fol-
les : le hasard devient complice de la
fraude et du charlatanisme.

En quittant, à neuf heures du soir, les
salons dorés du grand avocat, j'aperçus
dans un cabinet solitaire, où deux graves
présidents au Parlement achevaient une
partie d'échecs, un jeune homme assis
dans l'embrâsure d'une fenêtre, et qui
paraissait absorbé dans de mélancoliques
réflexions ; à ses pieds était tombé un
portefeuille ouvert, sur la première page
duquel était dessiné un vaisseau battu
par la tempête.

Je ramassai le portefeuille et je le remis
au jeune homme, qui, sortant comme

d'un long sommeil, me remercia de ma complaisance avec des paroles d'une exquise politesse.

Nous nous retirâmes ensemble.

Ce jeune homme, arrivé depuis quelques jours seulement de l'Ile-de-France, s'appelait Bernardin de Saint-Pierre, et le navire qu'il avait esquissé sur son album était le *Saint-Géran*.

III.

Les premiers pas dans le monde. — Le donneur d'eau
bénite de Notre-Dame. — Les soupers de famille. —
Mission offerte.

L'accueil qui m'avait été fait par M.
Gerbier devint bientôt une nouvelle de
Palais. Tous mes jeunes confrères vinrent
à l'envi me féliciter sur la distinction flat-
teuse dont j'avais été l'objet.

— Mes chers confrères, leur répondis-
je, c'est le jeune barreau que M. Gerbier

a voulu honorer dans ma personne : vous devez tous participer à la satisfaction que j'ai éprouvée. Un grand nombre d'entre vous était sans contredit plus digne que moi de cette faveur si précieuse ; mais en fixant son choix sur ma personne, nôtre illustre orateur a témoigné que les talents les plus humbles et les efforts les moins heureux avaient droit à ses sympathies et à son encouragement.

Je formai dans les salons de M. Gerbier des liaisons aussi brillantes qu'agréables. La bonne et spirituelle maréchale de Luxembourg, Mmes d'Houdetot, d'Epinay, de Saluces, la marquise de Pourpris, la comtesse de Saint-Florentin m'ouvrirent leurs maisons. Je me liai d'une étroite amitié avec M. Hérault de Séchelles, Pelletier de Saint-Fargeau et d'Aguesseau de Fresnes, alors avocats-généraux ; MM. de Saint-Lambert, Vien, Lalande,

Helvétius et quelques autres hommes célèbres dans la littérature, dans les sciences et dans les arts, me comblèrent de
marques d'affection. D'autres personnes
également recommandables par l'éclat de
leurs lumières, de leur mérite ou de leur
naissance, et dont je citerai plus d'une
fois les noms dans le cours de ces Mémoires, me prodiguèrent les témoignages
de la plus aimable bienveillance.

Quelques jours après ma présentation
chez M. Gerbier, mon camarade de collège, le comte de Cerisy, me menait chez
son oncle, le maréchal de Biron. C'était
sortir du palais de Périclès pour entrer
sous la tente d'Agamemnon.

En effet, tout chez M. Gerbier se revê-
tait des couleurs de l'éloquence, de la
grâce et de l'enjouement ; aux entretiens
les plus graves, aux discussions les plus
sérieuses, venaient se mêler cette poésie

qui rayonne autour des esprits supérieurs.

Chez le maréchal de Biron, au contraire, tout était empreint d'un caractère
sombre et imposant ; la splendeur du
champ de bataille dominait dans son salon la magnificence de la cour, et le grand
seigneur s'effaçait devant le guerrier. Mais
quelle noble simplicité ! quelle touchante
hospitalité ! quel esprit juste , bienveil-
lant, philosophe dans la plus saine accep-
tion du mot.

On ne se lassait point d'entendre les
récits de ce soldat illustre , qui devait ses
hautes dignités militaires moins à sa naissance qu'à ses longs et glorieux services,
et l'on s'étonnait avec raison de voir un
homme , qui avait passé les deux tiers de
sa vie au milieu du tumulte des camps et
des orages de la cour, apporter dans les
entretiens généraux cette modération, ce

sens exquis, cette rectitude puissante, qui sont d'ordinaire l'apanage exclusif des gens d'étude et de méditation. Je vis chez le maréchal de Biron, avec les Rosambeau, les Fitz-James, les Beauharnais ; une foule d'autres personnages qui, plus tard, jouèrent sur la scène politique des rôles plus ou moins importants.

Ainsi favorisé par d'heureuses circonstances, je me trouvai lancé dans les deux grands réservoirs de la société française ; mais loin de négliger mes études et mes travaux, je m'y livrais à la suite de mes fréquentes excursions dans le monde avec une plus vive ardeur. Le silence de mon cabinet, la compagnie de mes livres me devenait plus chère par le contraste que j'établissais entre les existences dorées, mais orageuses, que je quittais, et la vie calme, heureuse, paisible, que ma profession me promettait.

Un événement assez bizarre, et dont je ne parlerais pas s'il n'était encore dans le souvenir de mes contemporains , vint m'apporter une nouvelle somme de jouissances.

Depuis que j'habitais l'île du Palais, c'est-à-dire depuis près de quatre ans , j'allais , chaque dimanche , entendre la messe à Notre-Dame , et chaque dimanche, je donnais quelque menue monnaie à l'un des deux donneurs d'eau bénite, qui m'avait paru mériter par son grand âge (il avait quatre-vingt-quatre ans) cette légère faveur.

Un jour ce bonhomme, tout en me remerciant de ma chétive libéralité, me dit :

— Monsieur, vous êtes avocat, si j'en crois votre costume (1) ?

(1) Le costume de ville d'un avocat se composait d'un habillement noir de drap , étamine, soie ou velours, suivant la saison. Ç'eût été une espèce de

— Oui, mon ami, lui répondis-je.

— Eh bien ! monsieur, j'ai à vous consulter sur une affaire bien importante,
faites-moi le plaisir de me dire où vous
demeurez, j'aurai l'honneur de vous aller
voir.

Je donnai mon adresse au mendiant,
et je m'éloignai.

Le lendemain, dès six heures du matin,
il était chez moi.

— Monsieur, me dit-il, après avoir jeté
un regard scrutateur dans mon cabinet,
si vous n'avez personne en consultation,
voulez-vous me permettre d'entrer ?

— Entrez, mon brave homme, lui dis-
je, entrez, nous sommes seuls.

Le mendiant entra, et, après s'être
assuré que j'avais bien fermé la porte qui

scandale pour un avocat de se laisser voir en habit
de couleur dans un autre temps que celui des vacances.

séparait mon cabinet de l'autre chambre, il reprit :

— Depuis trente-cinq ans, je suis premier donneur d'eau bénite à Notre-Dame, et à force d'économies , j'ai amassé une somme assez ronde. Comme d'un moment à l'autre , Dieu peut m'appeler à lui, je viens vous supplier, monsieur, de vouloir bien garder cet argent que vous emploierez après ma mort, selon les indications que je vous donnerai.

Et tout en achevant sa phrase, le mendiant tirait de dessous sa robe bleue et rouge une escarcelle fort volumineuse, qu'il déposa sur mon bureau et qu'il s'apprêtait à ouvrir.

— Arrêtez ! lui répondis-je, et ne vous donnez pas la peine de compter votre argent. Je suis avocat, et les règlements de l'Ordre auquel j'ai l'honneur d'appartenir prohibent ces sortes de services. Portez cette somme chez un notaire; elle sera tout aussi en sûreté que chez moi.

— La confiance ne se commande pas, monsieur, répartit le mendiant; il y a quatre ans que je reçois vos aumônes; il est juste que vous deveniez le dépositaire d'un petit trésor auquel vous avez contribué par votre charité.

— Encore une fois, dis-je au mendiant, cela ne peut pas être et cela ne sera pas.

Et je l'empêchai de nouveau d'ouvrir son sac.

— Ah! pardonnez-moi, monsieur, pardonnez-moi, répliqua-t-il d'un air piteux, je n'ai point eu l'intention de vous offenser. Mais, voyez-vous, les vieilles gens ont de singulières manières; ils croient, à tort ou à raison, que les personnes qui les entourent, et que leur famille même, ne les aiment ou plutôt ne les supportent que pour l'argent qu'ils sont censés posséder. J'ai cette faiblesse là , moi , comme un autre , et je ne veux pas plus être dupé après ma mort que pendant ma vie.

— Mon brave homme, vous ne m'avez point offensé , et le témoignage de confiance que vous voulez me donner m'est au contraire très agréable , lui répondis-je ; mais je vous le répète , un avocat ne peut , sous aucun prétexte , recevoir des dépôts d'argent. Allez donc chez un notaire, et si vous avez besoin de moi pour régulariser quelques dispositions, je suis tout prêt à vous servir.

—Mille remercîments, monsieur, mais un notaire, où en trouverai-je un qui ait une figure avenante comme la vôtre ?....

— Allez, si vous le jugez à propos, rue Galande , chez M. X***. C'est un notaire de l'ancienne roche , et qui est digne de la confiance des honnêtes gens ; allez ,

et encore une fois , si vous avez besoin
de mon ministère , je suis à votre disposition.

Le bonhomme remit tristement son
sac dans la poche de sa robe , et prit
congé de moi en me renouvelant l'assurance de sa gratitude.

Quelques semaines se passèrent , et un
dimanche, je remarquai que le donneur
d'eau bénite n'était plus à son poste ; je
demandai de ses nouvelles à un valet
d'église

— Le pauvre père Barnabé est mort
subitement la nuit dernière , me répondit le suisse , et c'est une perte pour
l'église , car sa vigilance n'était jamais en
défaut.

Le soir, en rentrant chez moi , je reçus
une lettre de M. X***, notaire, qui m'invitait à passer dans son étude.

Je m'y rendis le lendemain.

— Monsieur, me dit le notaire, aux termes d'un testament fait et déposé depuis quelques jours dans mon étude, je vous préviens que j'ai à vous remettre une somme de dix-huit mille livres en or.

— A moi? dis-je.

— A vous-même, monsieur, et pour achever de vous convaincre, prenez connaissance de ce testament qui vous institue légataire universel.

Ce testament était celui du donneur d'eau bénite de Notre-Dame.

— Monsieur, dis-je au notaire, vous concevez facilement que je ne puis accepter le don du testateur avant d'avoir fait les démarches que la délicatesse et la probité indiquent. Gardez et le testament et l'argent, et soyez assez bon pour m'aider dès aujourd'hui à prendre des renseignements sur l'origine du défunt. Si la famille existe, le testament est nul et de nul effet.

J'adjoignis à M. X*** M. l'archi-prêtre de Notre-Dame , qui, en sa qualité de curé de la métropole, avait quelques vagues notions sur la famille du donneur d'eau bénite , et tous trois nous nous mîmes à l'œuvre.

Enfin , après six semaines de correspondance , d'enquêtes , de recherches et de démarches, nous parvînmes à apprendre qu'une petite nièce du donneur d'eau bénite , mère de sept enfants , et veuve d'un bas officier du régiment d'Angoumois, vivait dans un faubourg de Nancy au milieu de la plus profonde misère.

Je fis venir cette pauvre famille à Paris, et je la convoquai dans le cabinet de M. X***. Le notaire lut à ces pauvres gens le testament du vieillard.

Cette lecture fut écoutée dans un reli-

gieux silence, et lorsqu'elle fut terminée :

— J'ai toujours ouï dire à mon père,
dit la mère de famille, que mon oncle
Barnabé n'avait jamais été aimé dans la
maison. Mes enfants, continua-t-elle en
se tournant vers ses aînés, nous portons
la peine de la désunion de nos parents.
Que la leçon vous profite : aimez-vous et
soutenez-vous toujours les uns les autres.
Monsieur, ajouta-t-elle en jetant sur moi
un regard de résignation angélique, nous
n'avons rien à objecter aux volontés dernières de notre oncle. Il était dans son
droit de disposer de sa fortune...

— Et je suis dans le mien, interrom-
pis-je, en anéantissant ce titre qui
vous dépouille d'une succession légitime. Reprenez votre bien, madame, et
continuez à élever vos enfants selon
Dieu.

Je pris alors le testament des mains du notaire, et je le déchirai.

La pauvre femme ne s'attendait pas à mon action. Éperdue de joie, hors d'elle-même, elle se précipita à mes pieds ; en un moment, je fus entouré, pressé de ses sept enfants, les aînés me serraient les mains, les plus petits baisaient les pans de mon habit, tous me remerciaient, pleuraient, me bénissaient. Mon émotion était égale à la leur, et des larmes, les plus douces que j'aie versées de ma vie, s'échappèrent de mon cœur. Aujourd'hui encore, le souvenir de cette scène si touchante me cause, après soixante ans, un indicible plaisir.

Je laissai au notaire, M. X***, et à M. l'archi-prêtre de Notre-Dame le soin de veiller à l'établissement de cette nombreuse et intéressante famille.

Ces deux honorables personnes s'ac-

quittèrent de cette tâche avec zèle et dis-
cernement, et, au bout de quelques
mois, nous eûmes la satisfaction de voir
la pauvre veuve à la tête d'une petite
boutique de rouennerie, que son indus-
trieuse activité, comme on le verra par
la suite, éleva au rang des plus notables
magasins de Paris.

J'ai cité ce trait fort simple d'une délicatesse vulgaire, non pour faire parade
de mon désintéressement, le désintéressement fait partie essentielle, je ne dirai
pas des qualités, mais des devoirs de l'a-
vocat, mais parce qu'il eut plus tard sur
ma vie une influence presque mystérieuse.

Mes occupations du Palais, les travaux
de mon cabinet, mes nombreuses visites
chez M. Gerbier et à l'hôtel du maréchal
de Biron, ne m'empêchaient pas d'aller
passer chaque dimanche chez mon père,

dans sa maison du faubourg Saint-Martin. Ces réunions hebdomadaires étaient pour nous tous des jours de fêtes et des solennités domestiques ; elles resserraient les liens de nos mutuelles affections. Mes frères, leurs femmes et leurs enfants, quelques vieux amis de la famille, arrivaient vers midi à la maison de mon père, où je les avais précédés de quelques instants.

On se mettait à table à deux heures ; puis après le dîner nous allions tous entendre les vêpres et le salut à la paroisse Saint-Laurent.

En sortant de l'église, ma mère et mes belles-sœurs retournaient au logis pour veiller aux apprêts du souper, tandis que mon père, ses amis et ses enfants allaient se promener dans les beaux jardins du couvent des Récollets, situés presque en face de Saint-Laurent.

A neuf heures souvent , on s'achemi-
nait vers la maison où le souper se trouvait servi.

Il faudrait avoir été témoin de ces re-
pas du soir , tels qu'ils existaient alors
dans la bourgeoisie , pour s'en faire une
juste idée. Le souper était une halte
charmante entre les soucis du jour et le
repos de la nuit ; c'était l'heure de l'allé-
gresse , des douces causeries , des tendres
épanchements. Le souper, chez les grands,
était tout esprit ; dans la bourgeoisie , il
était toute franchise , toute joie , et de
cette joie qui se traduit en gros rires et
en refrains gaillards. Mon père couron-
nait ordinairement ses soupers par quelques bonnes bouteilles de Pomard et par
quelques bonnes chansons de Collé, de
Gallet ou de Panard. On faisait chorus ,
chacun payait son écot avec cette spirituelle monnaie ; et quand l'heure de la

retraite venait à sonner, on se retirait le cœur content, le sourire sur les lèvres, en se disant, au milieu d'une effusion d'embrassades, aussi chastes que tendres :

— A dimanche !

Et le dimanche suivant amenait les mêmes plaisirs et les mêmes adieux.

J'attachais un grand prix aux soirées de M. Gerbier, aux réunions brillantes du maréchal de Biron, de la marquise de Pourpris, de la comtesse d'Houdetot ; mais je ne leur aurais pas sacrifié les chers soupers du faubourg Saint-Martin. Si mon esprit trouvait son compte à la fréquentation des salons splendides de la noblesse et du génie, mon cœur trouvait aussi le sien à s'inonder, au sein d'une famille que j'idolâtrais, des ineffables joies de l'amour filial et de la tendresse fraternelle.

Vers les premiers jours du mois de

janvier 1772, je reçus, de la part de M. le maréchal de Biron, l'invitation expresse de venir sur-le-champ à son hôtel. Je m'y rendis aussitôt.

— Monsieur, me dit avec une tout aimable bonté le vieux maréchal, mon neveu, le comte de Cerisy, ne tarit point en éloges sur votre personne. Je suis comme cet Athénien, je me fatigue d'entendre sans cesse répéter les louanges d'un homme, fussent-elles méritées. C'est à ces causes que je vais user de l'ostracisme pour vous envoyer en exil.

— Monsieur le maréchal, répondis-je, je suis tout disposé à subir l'exil que vous voulez m'imposer, si cet exil surtout ne me prive pas tout à fait du bonheur de vous voir.

— Voici de quoi il s'agit, reprit le maréchal. Quelques difficultés s'étant élevées entre le gouvernement du roi et le

Pape, pour la propriété de plusieurs terrains , attenant au palais de France à
Rome, achetés par Louis XIV, le ministère a décidé qu'on enverrait immédiatement dans la capitale du monde chrétien
un légiste versé principalement dans les
questions de droit français et de droit
canonique. M. de Saint-Florentin m'a
parlé de cela hier au soir, et j'ai pensé
sur-le-champ à vous. Si vous voulez vous
charger de cette mission , qui est déli-
cate , épineuse, arduc, je ne vous le dis-
simule pas, vous n'avez qu'à parler ; le
poste est à vous. Mais il faut se décider
promptement , car les instructions , à
l'heure qu'il est , sont toutes prêtes aux
affaires-étrangères , et l'on n'attend plus
que le nom du chargé d'affaires pour y
apposer les sceaux. Votre mission ne peut
pas se prolonger au-delà de six ou huit
mois , m'a-t-on dit ; c'est un voyage fort

agréable et fort envié , et le caractère quasi-diplomatique dont vous serez revêtu vous donnera , à Rome , tous les avantages, qu'au surplus vos talents seuls ne manqueront pas de vous faire obtenir.

Je remerciai vivement le vieux maréchal, et je lui demandai deux jours pour me consulter et consulter mes amis.

— Deux jours, c'est beaucoup, répondit M. de Biron ; mais je vous les donne. Réfléchissez bien , monsieur , et songez que votre fortune est peut-être attachée à ce voyage.

— La fortune d'un avocat , monsieur le maréchal , lui répondis-je , est d'être utile à sa patrie et à ses concitoyens. Sous ce point de vue, je la ferai à Paris comme à Rome; mais il y a , dans cette mission , de l'instruction, des lumières à acquérir, il y a un intérêt national à défendre. Je ferai tout mon possible pour profiter de cette preuve de votre noble et respectable patronage, si vous me promettez surtout de ne pas donner tort aux absents.

— Avec moi, monsieur, les hommes tels que vous, tout absens qu'ils sont, n'ont jamais tort.

Je pris congé du maréchal et je courus annoncer à mon père, mon premier ami, et à M. Loiseau de Mauléon, la proposition séduisante qui venait de m'être faite.

IV.

Assentiment paternel. — Révolution de 1771. — Le
parlement Maupeou. — *Au, en* et *du.* — Le petit-fils
de Nicolas Flamel. — Mot du chancelier Bacon. —
Les adieux.

— Notre tendresse pour vous, mon
cher fils, me dit mon père, serait étroite
et égoïste, si, pour le seul bonheur de
vous conserver auprès de nous, nous ap-
portions des entraves à votre avance-
ment. Acceptez le poste honorable qui
vous est offert, remplissez-le avec tout

le soin et toute l'aptitude dont vous êtes capable, et, votre mission accomplie, revenez vers nous ; car, je ne vous le cache pas, il me serait pénible de penser que je ne vous reverrai plus.

— Mon cher père, répondis-je, ma mission est temporaire, et nulle considération au monde ne serait assez forte pour me tenir longtemps éloigné de ma patrie et de ma famille. Vous m'avez appris à chérir l'une et l'autre ; ni les richesses, ni les honneurs, ne pourraient me déterminer à prolonger, sous un ciel étranger, un séjour qui à mes yeux deviendrait bientôt un exil.

M° Loiseau de Mauléon, que je me hâtai d'aller consulter en sortant du logis de mon père, accueillit la nouvelle que je lui apportais avec de grands transports de joie.

— Gardez-vous bien de ne point accepter cette heureuse mission, mon jeune confrère, s'écria-t-il en me serrant affectueusement les mains. La Providence, par une faveur toute particulière, veut vous arracher au spectacle d'iniquités dont nous sommes chaque jour les témoins et trop souvent aussi les complices. Partez, partez au plus vite ; à votre retour les choses seront changées, je l'espère, et nous pourrons rêver à des jours plus heureux. Le triomphe des imposteurs et des méchants ne dure pas ; le bon droit et la vérité finissent toujours par prévaloir ; mais il faut attendre avec patience. Hélas ! que n'ai-je votre âge ! j'irais, comme vous, sur la terre classique de la jurisprudence et de la liberté, oublier les scènes funestes dont le temple des lois de notre chère France est aujourd'hui le théâtre !!!

Pour faire bien comprendre l'exclamation de M° Loiseau de Mauléon, je vais retracer en quelques lignes à mes lecteurs l'événement connu au Palais sous le nom de *Révolution de 1771*.

Louis XV, mécontent des Parlements, dont il n'avait jamais cessé de redouter les remontrances et les protestations, cherchait toutes les occasions de renverser ce grand corps, ou du moins d'en restreindre la puissance.

Le procès fameux du duc d'Aiguillon réveilla les haines du vieux roi, et les conseils d'un courtisan, du chancelier Maupeou, fixèrent les irrésolutions du monarque, qui sentait, à la veille d'un coup d'état si audacieux, ses antipathies faiblir et son courage chanceler.

La ruine des Parlements fut résolue.

Ambitieux, vindicatif, arrogant et plein de confiance dans son esprit fécond en ressources, le chancelier Maupeou, dans un lit de justice qu'il fit tenir au roi, le 7 décembre 1770, fit enregistrer un édit portant défense au Parlement :

« De se servir jamais de l'expression des classes du Parlement (1), pour désigner les différents Parlements établis dans le royaume ;

» D'envoyer à ces Parlements d'autres mémoires que ceux qui sont spécifiés par les ordonnances ;

» De cesser le service, sinon dans les cas prévus par les ordonnances ;

» De donner leur démission en corps ;

» De ne rendre jamais d'arrêt qui retarde les enregistrements ;

» Sous peine de désobéissance. »

Le Parlement, à son retour à Paris, fait

(1) Tous les Parlements du royaume ne faisaient qu'un seul et même corps. Le Parlement de Paris étant le plus ancien, s'était réservé l'initiative de toutes les mesures politiques.

les protestations d'usage ; elles ne sont point admises.

Le Parlement suspend le cours de la justice, et le Parlement en masse est exilé de Paris.

Une commission de conseillers d'état est installée par le chancelier en personne dans la Grand'Chambre. Mais cette commission devient inutile : aucun avocat ne se présente, et les causes sont appelées au milieu des huées et des éclats de rire.

Enfin, après mille incidents, qui sont du domaine de l'historien et que je ne relaterai pas ici, le chancelier obtint du roi un nouveau lit de justice à Versailles pour y consommer solennellement l'œuvre de la régénération de la magistrature (1).

(1) M. de Maupeou n'était pas rassuré sur les suites de ce coup d'état. Plus d'une fois, dans le cours de ces déplorables débats, il avait manifesté des craintes qui

Ce lit de justice eut lieu le 17 avril 1771.

Louis XV fit enregistrer trois édits.

Le premier portant abolition de l'ancien Parlement.

Le second, abolition de la cour des Aides.

Le troisième enfin, en supprimant le grand Conseil présent à la séance, le convertissait en Parlement.

Le roi termina la séance par ce petit

allaient jusqu'à la puérilité. Les Parisiens, qui rient de tout et qui font des chansons sur tout, célébrèrent ainsi la peur du chancelier, le jour où il alla de sa maison de campagne de Chatou à Versailles :

> Sur la route de Chatou
> Tout Paris s'achemine (bis),
> Sur la route de Chatou
> Pour voir la triste mine
> Du chancelier Maupeou
> Sur la rou... sur la rou...
> Sur la route de Chatou.

On sent tout ce qu'il y avait de satyrique dans ces deux derniers vers contre le premier magistrat de France.

discours, débité avec une certaine aigreur :

« Vous venez d'entendre mes intentions ; je veux qu'on s'y conforme ; je vous ordonne de commencer vos fonctions lundi ; mon chancelier ira vous installer.

» Je défends toute délibération contraire à mes volontés et toute représentation en faveur de mon ancien Parlement, car je ne changerai jamais. »

Au jour indiqué, le chancelier vint au Palais installer le nouveau Parlement, si connu depuis sous le nom du Parlement Maupeou.

Mais l'Ordre des avocats, étroitement uni depuis cinq siècles au Parlement de Paris, l'Ordre des avocats qui avait, à toutes les époques, partagé la gloire, les persécutions, les échafauds avec le vénérable sénat de la France, ne voulut pas

prêter son concours au Parlement Maupeou.

La Chambre imagina alors de décerner
la qualité d'avocats *du* Parlement à cent
procureurs qui réuniraient le droit de
plaider à celui de la postulation.

Cette mesure donna lieu à l'épigramme
suivante :

> Amis, d'*au*, d'*en* et *du*, voici tout le mystère.
> On découvre dans *au* la gloire et les talents ;
> Des *du* les griffes sont l'apanage ordinaire ;
> Le duc et le faquin compte *en* parmi ses gens (1).

Les plaideurs s'obstinaient cependant
à ne point employer les avocats *du* Parlement Maupeou, et les audiences étaient
désertes.

(1) On appelait avocats *en* Parlement ceux qui, ayant
seulement le titre d'avocat, remplissaient, soit chez les
grands seigneurs, soit chez les particuliers ou dans des
administrations publiques, des places salariées. Le
grand Cochin appelait ces avocats la plaie de l'Ordre,
et il n'avait pas tort. Ces êtres amphibies ont toujours
été regardés par les véritables avocats, par les avocats
au, comme des parasites qui se parent d'une qualifica-
tion indispensable pour parvenir, *per fas et nefas*, à

Le chancelier, alarmé de la force d'i-
nertie qu'on opposait à ses desseins,
représenta au roi la nécessité d'entraîner
les princes du sang et les grands du
royaume à la reconnaissance du nouveau
Parlement.

Louis XV parla en maître, et le prince
de Condé et le duc de Bourbon, son fils,
donnèrent le signal de l'obéissance. Le
duc de Brissac, nommé gouverneur de
Paris, vint prêter son serment dans la
Grand'Chambre, et son exemple fut suivi
par quelques ducs et pairs. Dès ce moment, le Parlement Maupeou prit le

des emplois lucratifs et la plupart du temps fort peu
honorables. En 1807, un des avocats les plus éminents
du barreau de Paris, proposa au Conseil de l'Ordre un
règlement sévère sur les personnes qui s'affublent du
titre d'avocat, comme moyen de parvenir. Ce règlement fut mis en délibération, puis ajourné. Il serait à
désirer qu'on l'exhumât aujourd'hui que le nombre des
avocats et des médecins surpasse les besoins du service
public.

caractère de Cour des pairs , qu'on lui avait contesté jusque-là.

Un grand nombre d'officiers ministériels et de magistrats de l'ancien Parlement, perdant tout espoir de rétablissement, se mirent, comme on disait alors, *en liquidation.*

Les avocats eux-mêmes , qui avaient combattu intrépidement *pro aris et focis,* crurent devoir cesser une lutte désormais inutile. La plus grande partie se remontra donc à la rentrée de la Saint-Martin , en 1771. Ce fut quelques jours après cette rentrée que je plaidai ma première cause.

D'autres avocats allèrent en province pour reprendre leurs fonctions auprès des Conseils supérieurs établis à Arras, Blois, Châlons, Clermont, Lyon et Poitiers, par l'édit du 16 mars 1771.

Plusieurs autres, restés à Paris, se li-

vrèrent exclusivement à la consultation
et aux travaux de cabinet, en s'abstenant
de la plaidoirie.

De ce nombre était M. Loiseau de
Mauléon. Résigné comme tous nos anciens, en apparence, au nouvel ordre de
choses, il ne nourrissait pas moins au
fond de son âme l'espérance d'une res-
tauration parlementaire.

— Je crois aux revenants (c'est ainsi
qu'on désignait dans le public les conseillers exilés ou disséminés), me disait-
il souvent, et je bénirai le ciel s'il m'ac-
corde assez de jours encore pour assister
à un grand acte de gratitude nationale.

La veille de mon départ pour Rome,
j'allai chez Mᵉ Gerbier. C'était un jour de
réception et l'assemblée était nombreuse.

L'illustre orateur avait appris au Palais
ma nomination au poste d'avocat consul-
tant de l'École française à Rome ; il me

complimentait et me donnait d'utiles
conseils sur la manière de procéder dans
les travaux que j'allais entreprendre,
lorsque le comte de Saint-Germain entra
et vint droit à moi.

— Je sors, me dit-il, de chez M. le
comte de Saint-Florentin, et j'ai su que
vous alliez partir pour Rome. Vous arrê-
terez-vous à Lyon?

— Je compte y séjourner deux jours,
répondis-je.

— En ce cas, reprit-il, faites-moi le
plaisir de vous charger de cette lettre
pour un habitant de cette ville; c'est un
homme qui porte un nom célèbre, et
dont vous ne serez pas fâché de faire la
connaissance.

— Est-ce un contemporain d'Hérode
et de Titus? demanda M° Gerbier en
riant.

— Non, répartit le comte, mais c'est

le descendant direct du fameux Nicolas Flamel (1).

— Ce philosophe hermétique du XIVe siècle, qui s'enrichit des dépouilles du peuple juif, et qui eut le bon esprit et l'habileté de mettre son immense fortune sous la protection des prêtres ? dit d'un ton sec et tranchant M. de Saint-Lam-

(1) Nicolas Flamel, natif de Pontoise, dut à ses travaux, à son habileté et à son esprit, les richesses qui rendirent son nom populaire. Sa fortune s'élevait à plus de quinze cent mille écus, somme énorme au XIVe siècle, et qui représenterait aujourd'hui plus de huit millions. On a débité bien des fables sur cet homme singulier (qui était l'un des écrivains jurés de l'Université). On a nié sa mort. Quelques voyageurs, Paul Lucas entr'autres, ont prétendu l'avoir rencontré dans l'Inde. Ce qu'il y a de certain, c'est que, pendant la Révolution, lorsqu'on détruisit la chapelle de Saint-Jacques-de-la-Boucherie, où il était enterré avec Pernelle, sa femme, on ne trouva dans le cercueil du philosophe qu'un morceau de bois grossièrement façonné et recouvert d'un linceul de drap rouge. Le squelette de Pernelle fut retrouvé aussi. Le peu de surveillance qu'on exerçait alors sur les ouvriers chargés des démolitions et des exhumations fit faire de grandes pertes à l'archéologie et à l'histoire.

bert, qui était venu grossir le groupe
dont M⁰ Gerbier, le comte de Saint-Germain et moi étions le centre.

— Précisément, répliqua le comte en
jetant sur M. de Saint-Lambert un regard
dédaigneux. Mais, monsieur, je suis surpris qu'un homme tel que vous, qu'un
philosophe de votre trempe, se fasse
l'écho d'une calomnie absurde. Nicolas
Flamel ne s'est point enrichi avec les dépouilles des Juifs ; ses rapports avec le
surintendant des finances Jean de Montaigu (1) n'avaient aucun caractère financier, j'en ai la preuve par devers moi.
L'immense fortune de ce philosophe a

(1) Jean de Montaigu, l'un des hommes les plus illustres de France au XIVᵉ siècle, s'attira la haine du
duc de Bourgogne, dont il ne voulut pas embrasser
la cause aux dépens de l'honneur et des intérêts du
royaume. Accusé de concussion, de péculat et même
de meurtre, Jean de Montaigu fut condamné à mort et
eut la tête tranchée aux halles de Paris, le 17 octobre
1490.

une source pure et honorable, et le temps prouvera ce que j'avance ici.

— Vous voulez réhabiliter la mémoire du chef des hermétiques, à ce que je vois, monsieur le comte, dit M. de Saint-Lambert.

— La mémoire d'un homme qui a bâti des asiles pieux, qui a fondé des hôpitaux, qui a embelli la ville qui l'avait adopté, n'a pas besoin d'être réhabilitée, monsieur, répondit le comte de Saint-Germain d'un ton digne. Si maître Nicolas Flamel a jugé à propos de briguer les bonnes grâces du clergé, il faut se reporter au temps où il a vécu. Rabelais disait qu'il se couvrait d'ordures pour qu'on ne le touchât pas ; Nicolas Flamel, par le même motif, s'est couvert de bonnes œuvres. L'un vaut bien l'autre.

— Au surplus, messieurs, poursuivit le comte de Saint-Germain, cette lettre

que j'écris au descendant de Nicolas Flamel amènera des événements qui prou-
veront aux plus incrédules que la science
hermétique n'est point une chimère. Je
la cultive depuis longtemps; je m'en fais
gloire, et je renvoie à ses détracteurs les
quolibets dont ils cherchent à l'accabler.
Le ridicule est l'arme des esprits superfi-
ciels; mais cette arme s'émousse facilement : les hommes passent et la science
marche et grandit.

Le comte de Saint-Germain me donna
sa dépêche, en me recommandant de ne
la remettre qu'à M. Flamel de Bourdeille
lui-même.

— Je suis honteux, ajouta le comte,
vous connaissant à peine, de vous charger d'un soin aussi délicat; mais il est des
choses qu'on ne saurait confier qu'à des
esprits droits et à des mains pures. Je ne
pouvais mieux m'adresser qu'à vous.

J'étais bien aisé intérieurement de nouer quelques relations avec le comte de Saint-Germain ; j'étais loin d'accorder à cet homme les qualités merveilleuses que le vulgaire lui attribuait ; mais j'avoue cependant que tout dans sa personne me charmait. Il y avait dans sa conversation un aimant invincible, dans ses récits un vernis d'exactitude et de vérité qui me subjuguaient.

— Je pourrais, continua le comte de Saint-Germain, vous offrir quelques lettres de recommandation pour Rome. Bien que mon dernier voyage date déjà de fort loin, les principales familles de cette capitale ont conservé quelque souvenir de ma personne.

— M. le maréchal de Biron et M. le comte de Saint-Florentin, chez lesquels je me suis rendu ce matin, lui répondis-je, m'ont donné tout ce que je pouvais désirer sous ce rapport. Outre mes lettres de créance auprès de l'ambassadeur français et du directeur de l'École , j'ai des lettres pour plusieurs cardinaux , pour les Borghèse, les Colonne et les Salviati , les Barberin et les Chigi. Je vous remercie toujours , monsieur le comte , de votre bon vouloir.

Sans me répondre , M. de Saint-Germain me prit par la main , me conduisit dans une embrasure de croisée, et là :

— Vous allez vous trouver, me dit-il , dans un pays bien fertile en tentations de toute espèce ; la Rome d'aujourd'hui est encore la Rome de saint Augustin et de saint Jérôme. La volupté y règne en souveraine , et se tient auprès de la croix du Christ sous la figure de la Madeleine. Marchez avec précaution dans les voies de la Babylone catholique ; défiez-vous surtout de ces enivrantes beautés qu'on rencontre , entourées des prestiges de la grandeur et de la richesse , dans les palais de marbre et sur le parvis des basiliques. Bouchez-vous, comme Ulysse, les yeux et les oreilles, et rappelez-vous constamment ce mot, d'un sens profond, du chancelier Bacon :

« Quand on est amoureux, il faut renoncer à sa réputation et à sa fortune ; ainsi point d'amour avec les affaires. »

Ces paroles , dites à voix basse , dans une obscurité presque complète et d'un ton pénétré, produisirent sur mon esprit l'effet que le comte de Saint-Germain en attendait sans doute. Il me quitta alors brusquement, mais il avait incrusté dans mon cerveau un de ces axiomes qui deviennent la règle et la boussole de toute une existence d'homme.

Après avoir pris congé de Me Gerbier, je volai au faubourg Saint-Martin , où

mon père et ma mère m'avaient fait promettre de revenir souper. Je trouvai là
toute la famille assemblée ; mes frères
avaient voulu assister à mon départ, et
me réitérer les vœux qu'ils formaient
pour l'heureuse issue de mon voyage. Ce
souper ne ressemblait en rien à nos soupers du dimanche ; mon père, grave et
préoccupé, ne cherchait point à aiguiser
la conversation par ses saillies ; mes frères
et leurs femmes étaient rêveurs et pen-
sifs, et ma bonne, mon excellente mère
s'efforçait en vain de cacher par des sourires le poids des larmes qui pesaient sur
son cœur.

Au dessert, et sur un signe de ma
mère, les domestiques se retirèrent, et
mon père me tint ce discours d'une voix
émue :

— Mon fils, vous allez entrer dans les
fonctions publiques, je n'ai pas besoin de

vous rappeler les principes que vous devez invariablement suivre , les opinions
que vous devez constamment professer.
Ces principes et ces opinions sont gravés,
dès votre enfance, en votre âme, et n'en
sortiront pas, j'en suis convaincu. Mais si
je me crois dispensé de vous recommander vos devoirs, comme citoyen et comme
Français, je me crois obligé de vous pré-
munir contre les fatales erreurs de ce
temps. Mon fils, une secte haineuse, ardente, implacable, une secte soi-disant
philosophique, a juré de renverser le
trône, nos institutions, la religion elle-
même. Promettez-moi (car Dieu seul sait
si je vous reverrai) de ne pas tomber
dans les embûches tendues par ces pré-
tendus philosophes, qui feront de notre
patrie, si la Providence n'y met ordre, un
vaste champ de ruines et de carnage; promettez-moi de rester chrétien.

— Je vous le promets, mon cher père, répondis-je, et je vous affirme, en outre, que je ne séparerai jamais, dans mon cœur, la fidélité que je dois à Dieu de la fidélité que je dois au roi.

— C'est bien, répartit mon père. Actuellement, mon fils, je puis mourir en repos ; embrassez-nous tous et partez. Tâchez pourtant de nous revenir bientôt.

Il était deux heures du matin. Une chaise de poste, conduite par deux domestiques à la livrée de M. de Saint-Florentin, s'arrêtait à la porte de mon père.

J'embrassai ma famille et je montai dans la voiture, qui m'entraîna rapidement sur la route de Lyon.

Arrivé à la porte Saint-Jacques, un cavalier, à la livrée du roi, fit arrêter ma chaise, s'avança à la portière, et me dit :

— M. le comte de Saint-Germain vous prie, monsieur, de ne point oublier sa lettre au petit-neveu de Nicolas Flamel.

— Il peut y compter, répondis-je.

Et les chevaux reprirent leur course.

V.

Arrivée à Lyon. — La maison de Nicolas Flamel. —
Les noces de Cana, par Callot. — Libellus aureus.

Mon premier soin, en arrivant à Lyon,
fut de me faire conduire à la maison de
M. Flamel de Bourdeille. Si l'accueil plein
de grâce et d'aménité que je reçus chez
ce vénérable personnage (M. Flamel de
Bourdeille avait alors soixante-dix-sept
ans) rendit mon amour-propre satisfait;

mon imagination était loin de l'être. Je
m'attendais à rencontrer un de ces philosophes taciturnes, au front jaune et
plissé, aux yeux ternes et hagards, sié-
geant dans les profondeurs de quelque
salle basse, entouré de cornues, d'alam-
bics, de fourneaux et de livres, et pour-
suivant la recherche de l'*absolu*, à la
lueur d'une lampe fumeuse. Je me figu-
rais le petit neveu de Nicolas Flamel, af-
fublé de la robe gothique et sacramen-
telle des alchimistes du XIV° siècle,
comme Rembrand nous les a représentés
dans un de ses plus suaves tableaux, éla-
borant le grand œuvre, en compagnie
d'un jeune Maure ou d'une vieille Bohé-
mienne, et dirigeant, du haut de sa
chaire d'ivoire, la lente combustion des
métaux. Tel n'était point mon hôte.

M. Jean-Nicolas Flamel de Bourdeille
était président du Conseil royal des mon-

naies de la généralité de Lyon ; sa maison située non loin de l'église de Saint-Nizier, quoique d'une architecture fort curieuse, ne révélait à l'extérieur, ni par ses ornements, ni par les formes arcanes de son porche et de ses croisées , l'habitation d'un philosophe hermétique. Elle était simple au-dehors , mais vaste et splendide au-dedans. Cependant l'écrivain juré de l'Université de Paris , le bibliothécaire du roi Charles V, était venu s'y retirer en 1417, après s'être fait enterrer dans l'église de Saint-Jacques-la-Boucherie , dont il avait été le bienfaiteur (1). Nicolas Flamel , selon la tradition de sa famille , quitta Lyon en 1425, et partit

(1) On lisait encore à la fin du XVIIIe siècle cette épitaphe sur un des piliers de la nef de Saint-Jacques :
« Feu Nicolas Flamel, jadis écrivain, a laissé par son testament à l'œuvre de cette église, certaines rentes et maisons qu'il a aquestées et achetées de son vivant, pour faire certain service divin et distribution d'ar-

pour la Terre-Sainte , où il termina ses jours vers l'an 1432 chez les moines du mont Liban. Un sien neveu hérita de tous les biens qu'il avait acquis dans le Lyonnais sous le nom de Jousseaume. En 1516, le descendant de ce légataire épousa une fille de l'illustre maison de Bourdeille (1), et ajouta à son nom de Flamel le nom de Bourdeille, sous lequel

gent, chaque an , par aumône , touchant les Quinze-Vingts, Hôtel-Dieu et autres églises de Paris. »

Au-dessous était un cadavre avec ces deux vers de la composition de Flamel lui-même :

De terre suis venu et en terre retorne,
L'âme rendit à toi, J.-H.-S., qui les péchiés pardonne.

Les figures de Nicolas Flamel et de sa femme Pernelle étaient sculptées en plusieurs endroits de cette église, et spécialement sur la porte qui donnait sur la rue des Ecrivains.

(1) Pierre Bourdeille, baron de Richemont, gentilhomme de la chambre du roi Charles IX et de Henri III, plus connu sous le nom d'abbé de Brantôme, a laissé des mémoires que tout le monde lit , et que les historiens les plus graves n'ont pas dédaigné de consulter. L'ouvrage de Brantôme est le miroir fidèle des erreurs

cette famille fut désormais connue dans la province.

Le Flamel que j'avais devant les yeux était un beau et noble vieillard , dont la physionomie grave et placide inspirait la confiance et le respect. Son costume, qui était celui des riches bourgeois et des personnes de distinction de la fin du règne de Louis XIV, ajoutait encore un nouveau charme à la dignité de ses manières et à la noblesse de son maintien.

— Mon vieil ami Saint-Germain vous a-t-il donné connaissance, monsieur, du contenu de cette missive , si pressée et si importante, me dit-il en riant.

— Non , monsieur, répondis-je.

et des mœurs du temps. Claude de Bourdeille, petit-neveu de l'abbé, s'acquit, sous le nom de comte de Montrésor, pendant les ministères des cardinaux de Richelieu et de Mazarin, une réputation d'esprit, de savoir et de hardiesse que ses écrits ne démentent pas.

— Je vais vous instruire en peu de mots de ce qu'elle contient, reprit M. de Bourdeille. Le comte de Saint-Germain a depuis quarante ans, une idée fixe, invariable. Cette idée est de me faire acheter la maison occupée à Paris, il y a trois cent cinquante ans, par mon grand-oncle Nicolas Flamel, afin d'y opérer des fouilles, qui doivent, selon lui, nous conduire à des découvertes importantes. Je ne partage pas toutes les opinions du comte ; je ne crois ni à la pierre philosophale ni aux prodiges de l'alchimie, et je vous confesse ma répugnance à conclure un marché, et surtout à entreprendre un voyage dont on ne peut raisonnablement attendre aucun résultat favorable.

— Vos prévisions sont d'autant plus justes, monsieur, répartis-je, que plusieurs personnes ont, il y a vingt ans, entrepris ce que M. le comte de

Saint - Germain veut tenter aujour-
d'hui.

— Et elles n'ont rien trouvé ?

— Fort peu de chose ; quelques inscriptions hiéroglyphiques, des pièces de
monnaie du temps, et des débris infor-
mes de vases et de fourneaux (1).

— Nous ne serions pas plus heureux,
reprit M. de Bourdeille ; vous voyez, con-
tinua-t-il, en étendant sur une table une
énorme pancarte, que ce cher comte ne
néglige rien pour me convertir. Voici le
plan de la maison de la rue des Ecrivains

(1) On a fait, à plusieurs reprises, des fouilles dans
cette maison ; elles se sont renouvelées jusqu'en 1756.
Un homme de distinction, en cette année, après avoir
déguisé son véritable motif, obtint de la fabrique de
l'église Saint-Jacques-la-Boucherie, la permission de
réparer la vieille maison de Nicolas Flamel, située en
face de cette église, au coin de la rue des Ecrivains.
Cet homme fit fouiller les caves et enlever plusieurs
inscriptions gravées sur les pierres. Il disparut après
avoir fait exécuter les réparations promises.

et celui de la chapelle édifiée par Nicolas Flamel. Ces lignes, qu'il a tracées à l'encre rouge, désignent les endroits qui, selon lui, doivent récéler des trésors, ou tout au moins des lingots d'un métal inconnu. A ce plan, M. de Saint-Germain joint une reconnaissance de six mille écus, en me priant de les lui prêter sur ce titre, si je persiste à répudier son projet de fouilles. Je vais lui envoyer ses six mille écus avec sa reconnaissance, car je suis plus décidé que jamais à ne point m'embarquer dans cette opération, qui ne présente aucun intérêt pour la science. Il agira comme bon lui semblera.

J'allais prendre congé de M. de Bourdeille, lorsqu'il me retint en me disant :

— Vous avez peut-être pensé, monsieur, en mettant le pied sur le seuil de ce logis, que son possesseur, honoré de l'amitié d'un homme tel que M. le comte de Saint-Germain et petit-neveu d'un alchimiste, était un adepte des sciences occultes ?

— J'avoue, monsieur, que j'ai eu cette idée.

— Je veux vous détromper tout à fait, et à ces causes je vous prie de vouloir bien accepter, chez moi, une hospitalité qui ne vous sera point tout à fait désagréable ; j'aime à me le persuader, si, comme votre honorable profession me l'indique, vous n'êtes point étranger aux arts et à la bibliographie. Je suis quelque peu archéologue, j'ai un grand amour pour les livres, je me mêle un peu de peinture et de musique, vous verrez tous mes joyaux, vous visiterez toutes mes richesses.

Je résistais, mais les instances de M. de Bourdeille devinrent si pressantes que je

finis par accepter une invitation si agréa-
blement formulée

Gresset a dit en parlant d'un homme
entiché du démon de la propriété rurale :

Il ne vous fera pas grâce d'une laitue.

Les archéologues, les bibliophiles et
les antiquaires sont à peu près bâtis sur
le même modèle. L'un vous tient une
heure le cou tendu sur les draperies
d'une cariatide ou sur les feuilles d'acan-
the d'un chapiteau corinthien ; celui-ci
vous vante et vous explique une petite
médaille d'Othon ou de Nerva, qu'il s'est
procurée à grand'peine après vingt années d'investigations et de recherches ;
celui-là feuillette lentement au milieu
d'une poussière savante un in-folio du
XIII° siècle, dont il commente longue-

ment le texte, les notes et même les annotations.

M. de Bourdeille ne mettait peut-être
pas à de si cruelles épreuves les yeux et
l'attention de ses auditeurs, mais comme
tous les érudits, comme tous les hommes
dominés par la passion des livres et des
médailles, il s'appesantissait volontiers
sur les objets de sa prédilection.

Parmi le grand nombre de livres que
M. de Bourdeille me fit remarquer dans
sa vaste bibliothèque, il en est deux que
j'admirai comme lui et avec autant de
ferveur. Le premier était un exemplaire
de la fameuse tragédie de Théodore de
Bèze (1) : *Abraham sacrifiant*. (Pasquier

(1) Théodore de Bèze, chef des calvinistes après la
mort de Calvin, fut l'un des pères de la langue française. Né à Vezelay en 1519, il vint à Paris en 1526,
où son oncle Nicolas de Bèze, conseiller au parlement,
se chargea du soin de son éducation.

disait que dans sa jeunesse il n'avait pu s'empêcher de pleurer en lisant cette tragédie.) Le second, le *Style du Parlement*, par Guillaume Dubreuil, ouvrage rare et précieux, dont j'extrairai en passant ces excellents conseils sur la tenue des avocats. Il est des enseignements pour lesquels la prescription ne peut pas exister :

1° Que l'avocat au Parlement soit doué d'une prestance imposante et d'une taille bien proportionnée, de manière à s'offrir avec avantage aux yeux des magistrats et de l'auditoire;

2° Que sa physionomie soit ouverte, franche, affable et débonnaire, et forme d'avance une espèce de recommandation;

3° Qu'il n'affecte pas, dans l'habitude de sa personne, une assurance présomptueuse ; au contraire, qu'il provoque la faveur et l'intérêt de l'auditoire par une apparence de modestie et de réserve ;

4° Qu'il n'ait rien de farouche et d'ir-régulier dans les yeux et le regard ;

5° Que sa pose devant les magistrats soit décente et respectueuse , et que sa mise ne laisse voir ni recherche ni négli-gence ;

6° Qu'en parlant il s'abstienne de dé-composer les traits de son visage , par les contorsions de sa bouche ou de ses lèvres ;

7° Qu'il évite les grands éclats d'une voix glapissante ;

8° Qu'il sache régler ses exclamations de manière à les tenir à une égale dis-tance du grave et de l'aigu ; que sa voix soit pleine et sonore et offre la qualité d'un beau *médium* ;

9° Qu'en déclamant il s'attache à une exacte prononciation ;

10° Qu'il observe de ne pas trop hausser la voix ni de la déprimer ;

11° Qu'il ait soin de tenir son style en harmonie avec le sujet qu'il traite et qu'il évite le ridicule de mettre l'emphase oratoire à des objets de modique importance (1) ;

12° Qu'il se garde de donner à sa tête et à ses pieds une agitation déplacée ;

13° Que les mouvements soient combinés et appropriés au discours, en évitant avec soin une gesticulation désordonnée et triviale.

Dans la longue salle que M. de Bourdeille appelait sa galerie, on remarquait,

______

(1) Vox et oratio suæ causæ semper conveniunt. Grandia granditer proferenda ; parva subtiliter ; mediocra temperate ; in parvis causis nihil grande, nihil sublime dicendum est, sed levi ac pedestri sermone loquendum est. In gestu, caput vel pedes non ducat indebite, sed cuncta membra debita maturitate regat.

au milieu d'un grand nombre de toiles
d'un mérite incontestable, un très grand
dessin représentant les noces de Cana. Il
était facile de s'apercevoir que l'artiste
s'était inspiré, pour l'ordonnançe de son
œuvre, du magnifique tableau de Paul
Véronèse ; mais toutes les figures, à l'ex-
ception de celles du Christ et de la Vierge,
étaient si hideusement laides , que là
s'arrêtait le point de similitude.

Je cherchais vainement à m'expliquer
la fantaisie de l'artiste, quand M. de Bourdeille me dit :

— Les figures bizarres de ces noces
vous surprennent. Je vais en peu de
mots, vous faire l'historique de ce dessin, et votre étonnement cessera.

En 1611, mon grand père, se prome-
nant sur le quai du Rhône, rencontra un
pauvre jeune homme qui paraissait ac-
cablé de lassitude et de besoin. Les baga-

ges du voyageur, qui consistaient en car-
tons, en rouleaux de papiers et en une
boîte à couleurs, qu'il portait sur son
dos, attestaient suffisamment son indi-
gence et sa profession.

— Vous êtes artiste, mon ami? dit
mon grand-père au jeune homme.

— Oui, monsieur, répondit-il avec
une assurance qui contrastait singulièrement avec sa faiblesse, et j'arrive de Rome
pour vous servir, si j'en étais capable.

— Vous semblez avoir besoin de repos,
poursuivit mon aïeul, et si votre intention est de faire quelque séjour dans cette
ville, je vous engage à venir loger chez
moi.

— Je n'ai point d'argent, monsieur,
répartit le jeune homme en faisant un
geste significatif, et à Lyon, dit-on, « pas
d'argent, pas de logement. »

— Ayez meilleure opinion des vertus

hospitalières de notre ville, mon ami ;
il n'est pas un citoyen de cette cité qui ne
soit disposé à accueillir et à secourir un
honnête homme. Ce que je fais, vingt
autres le feraient à ma place ; suivez-moi.

— Mais je n'ai point d'argent, reprit
encore le jeune homme.

— Qu'importe! Ai-je donc la mine d'un
aubergiste?

L'artiste s'arrêta un instant, regarda
fixement mon grand-père, et s'écria :

— Non, vous n'êtes point un aubergiste ; je vous suis.

J'abrège naturellement les suites de
cette rencontre ; qu'il vous suffise de savoir, monsieur, que le jeune artiste resta
quinze jours dans cette maison. Le jour
de son départ, il pria mon aïeul de monter dans la chambre qu'il occupait :

— Je n'ai pas d'autre moyen, monsieur, pour reconnaître tout le bien que

vous m'avez fait que de vous laisser ce dessin, fruit de mon séjour dans votre maison. Gardez-le comme un monument éternel de ma gratitude, et puisse-t-il avoir pour vos descendants un prix qu'il ne peut obtenir aujourd'hui.

— Et avez-vous signé votre œuvre ? répondit mon aïeul.

— Non, monsieur, mais si un jour j'acquiers la réputation que je crois pouvoir espérer, je vous écrirai et signerai le dessin en même temps que la lettre.

— Eh bien ! service pour service, reprit mon grand-père, voici vingt-cinq louis que je vous conjure d'accepter, ils ne vous seront pas inutiles pour continuer votre voyage. En m'écrivant, vous me les renverrez, si cela ne vous gêne pas.

— J'accepte, dit le jeune homme en embrassant son hôte avec affection, j'accepte , mon noble Mécène , et avant six ans, oui , avant six ans, vous recevrez de mes nouvelles.

Six ans en effet après l'événement que je viens de vous raconter , mon grand-père recevait une lettre de Nancy ; elle était signée :

« Jacques Callot. »

Maintenant , vous n'êtes plus surpris de la laideur de ces figures et de la grotesque attitude de ces personnages. L'artiste n'avait pour modèle que les canuts (1), nos pauvres canuts si résignés et si simples. Peut-être cette étude forcée de la laideur, et je dirai presque de la

(1) Les canuts jouissent à Lyon au XIXᵉ siècle de toutes les douceurs de la féodalité mercantile. Cette race pauvre, souffreteuse, et cependant intelligente et laborieuse, est éternellement en proie à toutes les angoisses de la misère. Les canuts n'ont ni présent ni avenir : le présent est précaire et ils gagnent si peu, la rapacité marchande est si sordide, qu'il leur est

difformité, a-t-elle influé sur les ouvrages
postérieurs du célèbre artiste, qui eut,
comme vous savez, une tendance particulière à retracer le burlesque et le plai-
sant. Les figures du Christ et de la vierge
Marie prouvent au surplus que Callot
n'ignorait aucune des lois de son art, et
que sa main n'était pas inhabile à repro-
duire les contours nobles et purs de la
beauté humaine.

M. de Bourdeille me montra tout ce que
sa noble et splendide maison contenait de
curieux sous le rapport des arts. Lorsque
je le quittai, au bout de trois jours, il
me fit promettre de revenir le voir à mon
retour de Rome ; je le lui promis : c'était

impossible de mettre quelques oboles de côté pour
leurs vieux jours. Les philanthropes qui ont rangé les
juifs parmi les citoyens, qui ont rendu aux noirs la
qualité d'hommes, n'ont encore rien dit pour les
canuts : il est vrai que les canuts ne sont que des
Français.

la meilleure manière de payer sa grande
et noble hospitalité.

Les Alpes étaient infranchissables à
cause de la saison. Je pris la résolution
de gagner Marseille : arrivé dans cette
ville , il me serait facile de m'embarquer
pour Ancône ou Civita-Vecchia.

VI.

« Je ne me mutine jamais tant contre
la France, disait Montaigne, que je ne
regarde Paris de bon œil. Cette ville a
mon cœur dès mon enfance, et m'en est
advenu comme des choses excellentes :
plus j'ai vu depuis d'autres villes belles,
plus la beauté de celle-ci peut et gagne

sur mon affection. Je l'aime par elle-même, et plus en son être seul, que rechargée de pompe étrangère. Je l'aime tendrement, jusques à ses verrues et à ses taches. Je ne suis Français que par cette grande cité : grande en peuples, grande en félicité de son assiette ; mais surtout grande et incomparable en variété et diversité de commodités ; la gloire de la France et l'un des plus nobles ornements du monde. »

Je reconnus pendant mon séjour à Rome, la vérité de ces paroles de Montaigne. Les premiers moments d'admiration passés, je regrettais ma chère patrie, ses mœurs, ses monuments, et jusqu'à ses *verrues et à ses taches*. Les formidables débris du Capitole, la gigantesque basilique de Saint-Pierre, l'arc vénérable de Septime-Sévère, la riche ordonnance du palais du Vatican, la

Porte du peuple, la colonne Trajane, et cette auguste voie Appienne, où la cendre des Gracches et des Scipion s'attache encore aux pieds des voyageurs, jetaient mon âme dans un indicible ravissement. Mais au milieu de toutes ces magnificences de la Rome païenne et de la Rome chrétienne, sur les débris éloquents des monuments du peuple-roi, dans ces temples où le sang des premiers martyrs avait éteint l'encens de Jupiter Stator et de Vesta, mes souvenirs se reportaient avec délices sur la vieille cathédrale enterrée jusqu'aux genoux dans le sol de mon cher Paris (1), sur ce Palais-

(1) Notre-Dame de Paris est enterrée de quinze pieds dans les graviers et dans la fange durcie. Sous le règne de Louis XII, on montait treize marches pour arriver du parvis dans l'église. Il serait à désirer qu'on pût rendre le véritable caractère de ce monument que la barbarie des architectes a depuis trois cents ans déshonoré à plaisir.

de-Justice, théâtre de mes premières luttes judiciaires, sur ce Louvre qui commande au monde par l'intelligence, comme autrefois le Capitole par l'éclat des victoires ; et, faut-il le dire enfin, sur la modeste maison de mon père, que mon cœur préférait à tous ces riches palais de marbre et de jaspe que Rome présente à l'étranger dans son giron étincelant de dômes, de flèches et de croix d'or.

Rome en 1772, n'était pas la Rome de Jules II et de Léon X. Le pape Clément XIV qui occupait alors la chaire de saint Pierre (1), ennemi du faste et de la vaine gloire, vivait au Vatican comme un sim-

(1) Fils d'un médecin de la petite ville de San-Archangelo, Laurent Ganganelli, devenu pape en 1769, sous le nom de Clément XIV, s'éleva par son seul mérite, par des vertus éminentes, au premier trône du monde, si l'on considère la papauté comme un pouvoir exclusivement spirituel. Pénétré des plus saints

ple religieux. Le peuple romain qui est encore à beaucoup d'égards ce qu'il était sous les empereurs, s'accommodait assez mal de cette simplicité apostolique, et se plaignait d'être sevré des fêtes splendides, dont les papes aiment à rehausser d'ordinaire l'éclat de la thiare.

« Les Romains raillent mon économie, disait Ganganelli à ses amis, ils murmumurent ; laissons-les railler et murmurer : j'aime mieux les faire pleurer à ma mort que de les divertir de mon vivant. »

D'ailleurs, le pontife était absorbé tout entier par les grandes affaires qui tenaient alors éveillée l'attention de l'Europe ; il s'agissait de la suppression des jésuites.

préceptes de l'Évangile, Clément n'était ni intolérant, ni fanatique, ni persécuteur. Il avait coutume de dire : « Pour maintenir les lois, n'oublions pas la charité; s'il ne nous est pas permis de tolérer le crime, il nous est défendu de haïr ceux qui y sont tombés. »

Depuis l'abolition des Templiers , nulle mesure politique n'avait intéressé à un plus haut degré le Saint-Siége et les couronnes chrétiennes (1). Clément XIV procédait donc avec une admirable impartialité à cette œuvre de destruction, dont les résultats devaient être incalculables pour le salut des trônes et de la religion.

A Rome, comme dans toutes les autres

(1) Philippe-le-Bel et Clément V abolirent l'ordre des Templiers en concile général de Vienne, en 1311. La mort du monarque français et du pontife suivirent de bien près l'extinction de l'Ordre du Temple. Philippe le-Bel mourut le 29 novembre 1313, et Clément V le 9 avril 1314. Les personnes qui cherchent partout des rapprochements historiques et qui mêlent volontiers les prophéties de la superstition aux plus graves événements de l'histoire, remarquèrent que Louis XV mourut le 14 mai 1774 et Clément XIV le 22 septembre de la même année, une année environ après la déclaration pontificale de la suppression de la compagnie de Jésus. Clément XIV mourut empoisonné ; il s'y attendait. Les jésuites foudroyés avaient laissé échapper de leurs mains le poignard qui tuait les rois, mais non le poison qui tuait les pontifes.

capitales, les jésuites avaient de nombreux partisans; ces partisans confiaient à la statue de Pasquin les satires et les épigrammes que leur suggéraient les diverses phases de la lente procédure dirigée contre la société de Jésus.

Un jour, je vis Pasquin recouvert d'un long crêpe de deuil.

— Pourquoi portes-tu donc un si lugubre accoutrement? disait Marforio.

— Je porte le deuil de la religion, répondait Pasquin; quand on chasse les valets, le maître ne tarde pas à subir le même sort.

Je cite cette pasquinade préférablement à mille autres, parce qu'il me semble qu'un sens profond était caché dans cette burlesque boutade.

La statue de Pasquin a joué un grand rôle dans la Rome des papes. Mes lecteurs ne me sauront peut-être pas mauvais gré de leur dévoiler l'origine de ce personnage, dépositaire, pendant cinq siècles de la malice et de l'esprit frondeur du peuple romain.

Sous le pontificat d'Innocent V et d'Adrien V, vivait à Rome un pauvre savetier, nommé Pasquini. Cet homme, doué d'une humeur satirique, d'un esprit bouffon et d'une hardiesse sans égale, s'était érigé en redresseur de torts et en critique implacable. Son échoppe était devenue le rendez-vous de tous les oisifs et de tous les railleurs de la ville. Trônant sur un escabeau vermoulu, le savetier, entouré de ses adeptes, ou, pour mieux dire, de ses auditeurs, distribuait, tout en travaillant, les arrêts de sa verve caustique. Princes, cardinaux, seigneurs, prélats, le Souverain Pontife lui-même, passaient sous les fourches caudines de ses mordantes hyperboles. On craignait

Pasquini, et cependant on l'aimait, car
le savetier, hors de son tribunal, était
serviable, compatissant, allègre et chari-
table.

Un jour, le cardinal de Sainte-Marie de
la Minerve le fit venir dans son palais :

— Mon ami, lui dit-il, tu commences
à vieillir ; ton travail de chaque jour ne
suffira bientôt plus à tes besoins, je
veux changer ta position. Abandonne
ton échoppe ; renonce à la fatale manie
que tu as de médire du prochain, et
viens demeurer dans mon palais : tu au-
ras le vivre et le couvert, et je t'alloue en
outre six écus d'or par année pour tes
menues dépenses.

— Mon illustrissime seigneur, répartit
le savetier, je suis profondément obligé
à votre grandeur de sa pieuse sollicitude,
mais, en acceptant ses offres, je ferais un
marché de dupe....

— Un marché de dupe, Pasquini? interrompit le cardinal.

— Oui, monseigneur, un marché de dupe, reprit le savetier. Croyez-vous donc que le beau titre de citoyen romain puisse se troquer contre un toit de marbre, une table splendide et six écus d'or? Dans mon échoppe, toute laide et toute décrépite qu'elle est, je suis roi, je commande; je parle, on m'écoute; je dors, on fait silence; je reçois qui bon me semble, et je chasse les importuns. Une fois votre commensal, je ne pourrais plus ni rire, ni dormir, ni parler à mes heures : le dernier marmiton de vos cuisines et la dernière mule de vos écuries auraient autant de priviléges que moi. Non, monseigneur, savetier je suis né, savetier je mourrai; restons chacun comme nous sommes, vous dans votre palais de la Minerve, éclatant comme une lampe céleste

et comme un flambeau apostolique, moi
dans mon échoppe , étayée sur les vieux
murs du palais des Ursins, sifflant à mon
aise les mauvaises mœurs et les mauvaises
actions de mes contemporains. Agissant
ainsi l'un et l'autre , nous marcherons
dans les voies que la Providence nous a
tracées : vous continuerez à éclairer le
monde , et moi , je ne me lasserai pas de
le châtier.

Le savetier mourut quelques années
après. La statue d'un gladiateur, qu'on
retrouva dans les fouilles opérées sur l'ancien mont Aventin, ayant été dressée sur
l'emplacement occupé par l'échoppe du
savetier, les rieurs et les poètes satiriques
de Rome la nommèrent Pasquini et éta-
blirent la coutume d'y attacher secrètement les productions de leur médisance
ou de leur raillerie. Les papes respectè-
rent l'idole de la malignité populaire , et

bien qu'assez souvent blessés dans leur réputation, dans leurs actes publics et dans leurs actions privées par les traits acérés de ce Juvénal permanent, ils ne cherchèrent jamais à renverser ce dernier vestige de l'antique liberté romaine.

Dès le lendemain de mon arrivée à Rome, je m'étais présenté chez le cardinal de Bernis, ambassadeur de France. Le cardinal (1) était déjà instruit par les dépêches du ministre des affaires étrangères, du motif et du but de mon voyage. Il m'accueillit avec une distinction, une urbanité dignes d'un prince de l'Eglise,

(1) La fortune politique du cardinal de Bernis fut grande, et il fut digne de cette fortune par ses talents, par son patriotisme et par son cœur ouvert à toutes les émotions généreuses. Tour à tour ambassadeur à Venise, membre de l'Académie française, ministre des affaires étrangères, archevêque d'Alby, puis enfin ambassadeur près le Saint-Siége, il montra dans toutes les circonstances de sa vie, l'alliance trop rare chez les hommes d'Etat d'un noble caractère et d'une âme

d'un gentilhomme français et d'un membre de l'Académie.

— Vous allez faire ici , monsieur , me dit-il, une ample moisson de souvenirs pour vos vieux jours. Rome est une ville qu'on ne cesse pas d'admirer et qu'on ne doit pas cesser de louer. Quant à moi, je suis tenté de dire comme Titus :

Depuis cinq ans entiers chaque jour je la vois,
Et crois toujours la voir pour la première fois.

Et comme M. de Bernis me vit sourire à cette citation, il ajouta :

— Remarquez bien, que ce n'est point

exemple de passions haineuses. Sa correspondance avec Voltaire révèle tout ce qu'il y avait de bon , d'affectueux, d'élevé dans cet homme que les historiens ont voulu juger par ses vers et non par ses actes. Le cardinal de Bernis fixa son séjour à Rome, et pendant la révolution française son palais fut ouvert aux filles proscrites et malheureuses du monarque qu'il avait servi cinquante ans avec fidélité.

le cardinal qui vient de citer deux vers de Bérénice, c'est l'académicien.

Le palais du cardinal de Bernis était le plus brillant et le plus fréquenté des palais de Rome. L'ambassadeur avait coutume de dire avec autant d'atticisme que de vérité :

« Je tiens l'auberge de France dans un carrefour de l'Europe. »

Certes, jamais appréciation ne fut plus exacte. Le cardinal de Bernis, libéral, somptueux, magnifique, aimait à s'entourer de toute la pompe, de toutes les splendeurs que sa double dignité d'ambassadeur et de prince de l'Eglise lui donnait (1). Une vanité puérile n'était point

(1) Bien que soigneux observateur des lois de l'étiquette, le cardinal de Bernis savait les enfreindre quelquefois pour encourager les arts ou pour consoler le malheur. Il se plaisait singulièrement au milieu des jeunes élèves de l'école française, et sa bourse comme son crédit étaient à leur disposition. En 1769, il apprit

le mobile de ses actions ; mais il pensait
avec raison que le représentant de la riche et grande nation française devait dé-
ployer aux yeux des peuples, toutes les
séductions du luxe et toutes les majestés
de la puissance.

Le palais du cardinal était ouvert à
tous les étrangers de distinction qui arri-

qu'un gentilhomme français était en proie à la plus
excessive détresse et malade dans un faubourg de
Rome. Il se transporta à la pauvre maison de son
compatriote, et reconnut dans ce gentilhomme, l'ar-
rière-petit-fils de Tristan-l'Hermite, poète dramatique
du XVIIe siècle et l'un des quarante de l'Académie
française, sous le cardinal de Richelieu. Bernis protégea ce jeune homme et lui fit obtenir une place
honorable à la chancellerie du pape. Tristan-l'Hermite, bisaïeul de ce jeune homme, composa, quelques
jours avant de mourir, cette épitaphe qui explique
toute sa vie :

Ebloui de l'éclat de la splendeur mondaine,
Je me flattai toujours d'une espérance vaine,
Faisant le chien couchant auprès d'un grand seigneur ;
Je me vis toujours pauvre et tâchai de paraître,
Je vécus dans la peine, attendant le bonheur,
Et mourus sur un coffre en attendant mon maître.

vaient à Rome ; aussi, ses vastes salons étaient-ils toujours remplis d'une foule brillante de visiteurs, et le pape disait plaisamment en parlant des réceptions nombreuses du cardinal :

« Le Vatican va devenir désert, grâce à M. de Bernis, et vous verrez que si cela continue, je serai obligé de faire murer son palais. »

Le cardinal me donna, avec toute la lucidité d'un légiste, et toute l'habileté d'un diplomate, les premières notions de l'affaire pour laquelle j'avais été envoyé à Rome.

Voici en deux mots de quoi il s'agissait :

En fondant l'Ecole de France à Rome par les ordres de Louis XIV, Colbert avait acheté, outre le vieux palais Barberini qu'il fit reconstruire, une portion assez considérable de terrains incultes, aux religieux de Saint-Dominique. Le général des Dominicains avait, par un contrat en bonne et due forme, vendu au roi par l'entremise de son ambassadeur, les terrains précités.

C'était sur cette vente que les Dominicains revenaient après un siècle écoulé. L'assemblée conventuelle prétendait que le général signataire de la vente avait outre-passé ses pouvoirs, qu'il avait bien pu aliéner temporairement les propriétés de l'Ordre ; mais que sous aucun prétexte, il n'avait pu les céder ou les vendre.

Les bons Pères, en cherchant à faire casser un marché revêtu de toutes les formes exigées par la loi, espéraient faire une excellente affaire. A la vérité, ils offraient de restituer les soixante-quinze mille livres, prix de la vente, payé par Colbert ; mais au lieu d'un terrain ingrat, aride jadis, assez semblable à une lande, ils retrouvaient de vastes jardins dessinés par Le Nôtre, des pièces d'eau, un bois d'ormes et de chênes dans la force de l'âge ; le calcul n'était pas mauvais.

— Je n'ai point de conseil à vous donner dans cette affaire, me dit M. de Bernis, outre que je suis fort peu initié à la science des lois, un procès bien autrement important que celui-ci (le cardinal voulait parler des jésuites dont il poursuivait la sécularisation malgré ses opinions personnelles), m'occupe tout entier, et absorbe tous mes moments. Mais je crois devoir vous avertir de bien vous tenir sur vos gardes. Les jurisconsultes romains et les moines légistes surtout, ont une merveilleuse aptitude à profiter des moindres fautes, des plus légères concessions. Si vous êtes obligé de reculer, reculez avec prudence et ne vous laissez point désarmer.

— Monseigneur, répondis-je, je sais à qui j'ai affaire, sinon par expérience, du moins par théorie. Soyez convaincu que je m'efforcerai, dans la petite sphère où je vais graviter, de défendre la gloire et les intérêts de mon pays avec le courage, l'activité et la persévérance dont vous-même donnez à Rome un si éclatant exemple. Et puis, monseigneur, n'ai-je pas aussi la réputation du barreau de Paris à défendre et à glorifier? Ah! croyez-le bien, je ne faillirai pas à la tâche qui m'est imposée.

Le pape nomma une *consulte* à l'effet de procéder à l'examen des pièces pour et contre.

Un consulteur du Saint-Office présidait; deux protonataires apostoliques, deux procureurs de l'ordre de Saint-

Dominique et moi, composaient ce co-
mité, qui commença dès le surlendemain
même de mon arrivée ses travaux

M. Vien, directeur de l'école française,
et que j'avais vu à Paris chez M. Gerbier,
l'année précédente, me pressa d'accepter
un logement dans le palais de France.

— Vos travaux et les miens ne s'accom-
moderaient pas d'un tel voisinage, lui répondis-je en le remerciant ; l'avocat serait
toujours avec les artistes, et vos pittores-
ques excursions dans la campagne de
Rome causeraient de grands dommages
à la *République*. Je voudrais vous suivre,
mon Horace à la main, sous les frais ombrages de Tibur et de Tivoli ; nocher intrépide, je me risquerais peut-être à re-
monter péniblement le cours du *Pater
Tiberinus*, au son de vos instruments et
de vos joyeux refrains, refrains si doux à
entendre quand on est loin de sa patrie !!

Dans vos charmants pélerinages, vous avez tout à apprendre, et moi j'aurais tout à oublier. Agréez mes remercîments et mes regrets, et permettez-moi seulement de venir, dans les intervalles du travail, me récréer auprès de vous.

— C'est ici une colonie française, me répondit M. Vien, c'est plus qu'une colonie, c'est une famille et vous y trouverez toujours votre place. Mais quand votre procès sera jugé, accorderez-vous du moins à vos compatriotes quelques semaines ou au moins quelques journées.

— Si je sors triomphant de la lutte qui va s'engager, je vous promets de venir passer dans le palais de France, la dernière semaine de mon séjour.

— Et vous serez victorieux, répartit Vien, avec cet enthousiasme d'artiste qui s'allume comme la foudre et qui tombe comme elle ; à Rome, la France n'a jamais éprouvé de revers, et le drapeau de Brennus flotte toujours au sommet du Capitole.

Je louai dans un quartier fort retiré de Rome, dans la strada Balbi, un tout petit appartement qui, grâce aux soins de l'ambassadeur de France, se trouva bientôt encombré de livres, de diplômes, de parchemins, de chartes et de légendes. Or, voulez-vous savoir pourquoi je donnai la préférence à la strada Balbi sur tous les autres quartiers de Rome ? C'est que dans cette rue, en face de ma fenêtre, je voyais une vieille petite bicoque à la muraille de laquelle on avait attaché, à grand renfort de clous et de plâtre, cette inscription gravée sur une tablette de marbre :

« Cette maison fut celle de la Fornarina, maîtresse de Raphaël d'Urbin. »

(1520.)

VII.

J'arrangeais ma vie à Rome comme à Paris ; je travaillais six heures par jour à compulser, à analyser les nombreux documents qui m'avaient été remis pour la défense de ma cause ; j'allais ensuite à la *consulte* discuter contre les dominicains, ma partie adverse ; le reste de ma journée

était consacré à visiter les monuments,
les musées, les bibliothèques de Rome.
Le soir, les salons du cardinal de Bernis,
du marquis Barberini, du prince Borghèse, du commandeur Anselme Chigi,
m'étaient ouverts ; mais j'y allais rarement ; je préférais à ces splendides réunions les soirées sans étiquette de l'école
de France. Je retrouvais là le langage,
les habitudes, les franches allures de la
patrie absente, et l'esprit grave, orné,
méthodique de M. Vien, se prêtaient
merveilleusement à nos entretiens animés
qui avaient les arts et la littérature pour
objet.

Je ne négligeais pas non plus les spectacles ; quand on veut bien étudier un
peuple, il faut se mêler à ses divertisse-
ments et à ses plaisirs. L'art dramatique
était alors à Rome dans son enfance ; je
ne vis aucun ouvrage important ; l'*Esther*

et, l'*Andromaque*, de Racine, assez faiblement traduites par un membre de l'Académie des Ricovrati, défrayaient le répertoire du grand théâtre, dont les acteurs n'étaient pas plus remarquables que les pièces. Mais si la scène romaine, veuve d'Ennius, de Plaute et de Térence, ne présentait pas un comédien digne d'être comparé à Baron et à Lekain, l'Opéra et les spectacles secondaires offraient une foule de sujets distingués par leur originalité et leurs talents. Je vis à Rome toute cette famille de Scaramouche, d'*Arlequin*, de Pantalons, de Trivelins, de Mazetin, qui faisaient les délices de la haute société romaine, et j'appris, pour la première fois, ce que c'était que la musique dramatique. Pour un Français, quelle bonne fortune !

Rome n'a plus rien à démêler avec les affaires du monde. Déchue de ses grandeurs guerrières et de ses splendeurs sacerdotales, elle se console de son impuissance politique avec des spectacles , des processions , des fêtes et des illuminations.

A défaut de ces émotions, elle trouve dans les aventures mystérieuses, dont ses murs sont assez souvent le théâtre , un aliment à sa curiosité et à sa malicieuse inquiétude. Je fus témoin , pendant les premiers mois de mon séjour à Rome , d'un de ces drames palpitants d'intérêt et je vais en fairé le récit à mes lecteurs.

Un cavalier napolitain , nommé Luzzi , était venu se fixer à Rome depuis l'année 1770. Sa naissance, son esprit , ses manières distinguées et surtout la beauté de son visage et l'élégante noblesse de sa taille , lui avaient , dès l'abord , facilité l'entrée des premières maisons de Rome.

Parmi celles où il était accueilli avec le plus de faveur , on citait le palais du marquis de Caraglio, homme riche, libéral et fort adonné aux plaisirs.

Le marquis s'était marié dès l'âge de vingt ans (et il en avait alors trente-six), à Julia de Staroli, issue de l'une des premières familles de Ravenne. Cette union était heureuse malgré l'énorme différence qui existait entre le caractère des deux époux.

En effet , autant le marquis était avide de voluptés, de faste et de bruit, autant Julia paraissait aimer la solitude, le calme et la simplicité. L'esprit et la beauté de la marquise de Caraglio lui auraient assigné un rang fort élevé parmi les plus belles et les plus spirituelles femmes de Rome : elle préféra les douceurs de la retraite , le calme et la paix des champs aux vaines pompes du monde ,

et se retira à Albano, bourg situé à quelques lieues de Rome, avec ses enfants et
quelques domestiques.

— Monsieur, dit-elle à son époux, vous
vous amuserez pour moi, et je ménagerai
pour vous. Quant vous serez fatigué du
monde et de ses fausses délices, vous vien-
drez à Albano, et vous serez certain d'y
trouver constamment des cœurs pleins
d'amour et de respect pour votre personne.

Le marquis ne s'opposa que faiblement
au départ de sa femme. Il aimait cependant Julia, mais l'austérité des mœurs
de la marquise, son éloignement, son dégoût même pour tout ce qui ressemblait
à une fête, à une saturnale, à une orgie,
lui faisait considérer cet exil volontaire
comme un surcroît de liberté.

— J'irai vous voir souvent, madame,
répondit le marquis, non pas comme
vous semblez le croire, pour échapper au

tourbillon d'un monde dont je suis idolâtre ; mais pour tâcher de puiser auprès
de vous, quelques-unes de ces bonnes
pensées qui rafraîchissent l'âme et qui la
ramènent par une pente insensible dans
le sentier de la vertu.

Julia alla donc s'établir à Albano et le
marquis continua à résider dans son palais de Rome, se livrant avec plus d'entraînement que jamais à la fougue de ses
passions.

Un soir, le marquis se rendit à Albano.

— Madame, dit-il à Julia, vous avez
toujours été pour moi bonne et indul-
gente, mes erreurs, mes égarements
n'ont pu, depuis seize ans, affaiblir la tendresse que vous me portez. Je viens vous
faire une confidence et j'hésite d'autant
moins à vous la faire que vos intérêts y
trouveront peut-être leur compte.

— Parlez, monsieur, parlez, répondit la marquise.

— Vous avez sans doute entendu cé-lébrer, poursuivit le marquis, le talent et la beauté de la signora Broggia.

— Cette cantatrice, qui a brillé d'un si vif éclat aux théâtres de Saint-Charles et de la Scala, fit la marquise.

— Précisément. Depuis six semaines, cette charmante personne habite Rome, et je me suis empressé avec quelques-uns de mes amis, avec Luzzi, avec Co-lonne, avec Chigi, avec Borghèse, de m'atteler à son char. Sans vanité, de tous mes rivaux, je crois être le moins mal-traité.

— Monsieur, interrompit Julia avec dignité, épargnez-moi des détails qui fe-raient rougir la mère de vos enfants.

— Ah ! pardonnez, pardonnez-moi, madame, reprit le marquis, je n'ai point, je ne puis pas avoir l'intention de vous affliger. Je supprime donc toute espèce de préambule, et je vous dirai qu'hier j'ai été profondément surpris en voyant briller au cou de la Broggia cette riche croix de diamants que je suis sûr de vous avoir offerte, il y a seize ans, le jour de nos fiançailles.

Et le marquis tira de sa poche le merveilleux crucifix de pierreries qui scintilla à la lueur des bougies comme le labarum de Constantin.

La marquise devint pâle, ses yeux se fermèrent malgré elle; elle tremblait de tous ses membres. Cependant cette effroyable émotion dura peu; Julia rouvrit les yeux, prit d'une main mal assurée le resplendissant joyau, et dit en s'efforçant d'imprimer à ses lèvres sèches et décolorées un sourire de joie et de satisfaction :

— C'est bien ma croix de fiancée ! oui, c'est bien elle !..... Me pardonnerez-vous à votre tour, monsieur, de vous avoir caché sa perte..... Ce cher gage de notre union m'a été dérobé quelques jours avant mon arrivée à Albano. L'auteur du larcin a su échapper à toutes mes recher-ches.....

— Et vos soupçons se sont-ils arrêtés sur quelques-uns de vos domestiques ? madame.

— Sur aucun, monsieur, sur aucun. Mais maintenant il me sera facile de con-naître le coupable ; je vais vous suivre. Je pars avec vous pour Rome, et nos ef-forts réunis parviendront à mettre le vo-leur sous la main de la justice.

— Evitons le scandale d'un procès cri-minel, madame. Cette croix remise en votre possession n'en sortira plus. Je suis convenu avec la Broggia de lui en faire

faire une pareille. C'est une perte de quelques milliers d'écus, qu'importe ! Ne vaut-il pas mieux en faire le sacrifice que de nous embarquer dans les ennuis d'une procédure sans fin et sans but. Permettez-moi, au contraire, madame, de me féliciter d'un événement qui me met à même de vous offrir une seconde fois l'emblême de la chasteté et de la fidélité conjugale. Hélas, ajouta le marquis en riant et en passant au cou de Julia le précieux bijou, c'est le démon en personne qui pare un ange du signe sacré de la rédemption !

La figure de Julia n'était plus pâle ; ses yeux n'étaient plus mornes. Son front et son regard rayonnaient alors d'un éclat surnaturel.

— Savez-vous au moins de la Broggia le nom de l'homme qui lui a donné cette croix, dit Julia.

— Elle n'a pas voulu me le dire, mais je le saurai.

— Elle vous le dira ? reprit vivement Julia.

— Elle me le dira , répartit le marquis d'un air triomphant.

— Monsieur, je pars avec vous pour Rome ; c'est une chose décidée. Je ne veux point faire de procès ; non , je n'en ferai pas, mais.... la curiosité, vous comprenez, monsieur , la curiosité d'une femme ne tient pas contre de semblables tentations. Laissez-moi partir avec vous ; rendez-moi doublement heureuse, monsieur.

Le marquis ne sut pas résister aux prières de sa femme ; il l'emmena à Rome.

Le lendemain de leur arrivée dans cette capitale, on trouvait, sur les bords du Tibre, à quelque distance des jardins du palais Caraglio , le cadavre du chevalier de Luzzi.

Ce meurtre fit grand bruit. La police romaine se mit en campagne , et un pêcheur ayant fait quelques révélations à la justice , on arrêta , dans le palais même de Caraglio , une jeune négresse qui était au service de la marquise depuis son enfance.

Mika (c'était le nom de cette jeune fille) avoua le crime dont elle était accusée et détailla les circonstances qui l'avaient précédé et suivi.

— J'aimais , dit-elle dans son interrogatoire, le chevalier de Luzzi et je croyais en être aimée. Pour lui, j'ai dérobé à ma maîtresse, à ma bienfaitrice, une croix de diamants de grande valeur. Quand j'ai su qu'il avait donné à la Broggia ce joyau, qui me coûtait déjà tant de remords , quand j'ai appris surtout que le chevalier

m'était infidèle , je n'ai plus pensé qu'à
la vengeance. Le lendemain de mon arrivée à Rome avec Mme la marquise , je lui
ai assigné un rendez-vous sur le minuit,
dans un des pavillons du jardin , et là ,
après lui avoir reproché son infidélité et
son manque de foi, je l'ai poignardé. J'ai
traîné ensuite son corps jusqu'au Tibre,
où je croyais l'ensevelir pour jamais ;
mais Dieu n'a pas permis que ce nouveau crime restât impuni ; je suis prête
à mourir.

Des témoignages d'un grand poids venaient donner à ce récit tout le caractère
de la vérité.

On avait trouvé dans l'habit de la victime le billet qui indiquait le funeste
rendez-vous ; il était de l'écriture de
Mika et signé par elle.

Le pêcheur reconnaissait également
la Moresque pour la personne qu'il avait

vue traînant le cadavre du chevalier de Luzzi.

Les juges condamnèrent la jeune fille à la mort, et elle entendit son arrêt avec un calme et une résignation extraordinaires.

Le pape fut vivement sollicité de faire grâce à cette malheureuse.

— Je le voudrais bien, répondit le pontife, dont la perspicacité n'était jamais en défaut, mais je ne le puis pas. J'espère cependant que Dieu attendrira le cœur des vrais coupables et que la Moresque sera sauvée ; mais il y a dans tout ceci un mystère que la justice des hommes ne peut pas expliquer. Laissons ce soin à la Providence, elle ne nous manquera pas.

Les espérances du pape se réalisèrent.

Le jour même où l'on conduisait la Moresque à l'échafaud, et au moment où elle montait les fatals degrés de l'instrument de mort, des sbires accoururent en criant :

— Grâce ! grâce ! grâce !

Ces cris, répétés par le peuple, suspendirent l'exécution.

Or, voici ce qui était arrivé au palais Caraglio.

La marquise ayant échoué dans toutes les tentatives qu'elle avait faites pour sauver sa cameriste, ne put supporter l'idée d'abandonner à l'infamie du dernier supplice la fille généreuse qui s'était dévouée pour elle.

Avec un courage et un sang-froid dignes d'une Romaine, elle fit ses préparatifs de mort et convoqua au chevet de son lit deux protonotaires apostoliques, son confesseur et son époux.

— Monsieur, dit-elle à ce dernier, Dieu, dans quelques instants, va me juger ; il me pardonnera, sans doute, car je meurs repentante. Serez-vous plus inflexible que Dieu , et me refuserez-vous une absolution que l'Eglise a déjà accordée à mes prières, à mes remords et à mes larmes.

Le marquis serra la main défaillante de sa femme pour toute réponse.

— Monsieur, poursuivit Julia, je vous ai été quinze ans fidèle. Quinze ans ! Le jour où vous avez introduit le chevalier Luzzi dans notre maison , j'ai cessé de l'être...... Cet homme fascina mes yeux , mon esprit , mon cœur , tout mon être , et me rendit coupable..... Je fus adultère..... Cet homme était pauvre ; il ne possédait rien que son nom , sans éclat peut-être ; je voulus lui assurer une existence digne de mon amour : je devins voleuse..... oui, voleuse..... pour lui. La croix de diamants , que vous m'avez si noblement rendue , n'est qu'une bien

faible partie des richesses qu'il me coûte.
Ce fol et honteux amour vous explique,
monsieur, mon séjour à Albano.

Je voulais goûter le plaisir du vice sans
abdiquer les apparences de la vertu ; je
voulais continuer à paraître pure, austère, économe, et j'étais moins pure,
moins austère que vous, monsieur, dans
mes mœurs, plus prodigue que vous dans
mes dépenses. Cet homme m'avait rendue hypocrite ; j'aurais dû me douter
alors qu'il n'était qu'un misérable, car
un amant réflète sur l'âme d'une femme
bien éprise ses qualités et ses défauts.
Mais mon aveuglement était si grand !

Votre arrivée l'autre soir à Albano a
déchiré le voile qui me couvrait les yeux.
J'appris que j'avais une rivale, et je réso-
lus de me venger : et je me suis vengée,
monsieur. Luzzi a été poignardé de ma
main ; cette main que vous sentez si

froide et si lourde , a seule enfoncé le fer
vengeur dans ce cœur de boue !

— Ma fille, dit le confesseur en élevant
un Christ sur la tête de Julia, que dites-
vous ?

— Laissez , laissez , mon père, répartit
la marquise , ce sera mon dernier blas-
phême.

Mika, ma chère Mika, qui, par un dévouement sublime , s'est accusée des crimes que j'ai commis, ignorait tout, continua la marquise. Je la laissai assumer
sur sa tête cette responsabilité effroyable ;
je croyais la sauver , et par conséquent
me sauver moi-même. Mes efforts ont
été inutiles : on veut qu'elle périsse ; mais
elle ne mourra pas, puisque je m'accuse.
Sauvez-la donc , monsieur ; sauvez-la , et
que cette déclaration suffise pour briser
des fers qu'elle ne mérite pas. Quant à
moi, le glaive de la loi ne peut plus m'at-

teindre ; je suis hors de la puissance des hommes. Cher époux, pardonne-moi ; mon père, bénissez-moi.

Le marquis allait déposer le baiser du pardon sur le front de Julia, quand le prêtre le repoussa en lui disant :

— Vous n'avez plus devant vous qu'un cadavre ; priez pour votre femme et songez à votre salut, monsieur.

— Quoi, ma Julia ! exclama le marquis.

— Est morte, répartit le prêtre ; elle s'est empoisonnée ! Les crimes ne marchent jamais seuls.

Le marquis de Caraglio fut si terrifié de cette mort qu'il se retira dans un couvent des Camaldules où il mourut quelques années après. J'assistai à sa prise d'habit qui eut lieu vers la fin de 1773.

Le jeune David, qui fut depuis le célèbre David, premier peintre de l'empe-

reur Napoléon , peignit , pendant qu'il
était à Rome , la scène principale du tragique événement que je viens d'esquisser.
Ce tableau mit tout Rome en émoi , car
la marquise, à son lit de mort, était d'une
ressemblance frappante.

A péu près dans le même temps , un
jeune statuaire français , M. Jolivet , ex-
posa à la critique et à la curiosité des
Romains une figure de Satan , d'une
grande beauté d'expression.

— Vous vous êtes inspiré du Satan de
Milton, lui dis-je.

— Je suis trop bon Français pour chercher des inspirations ailleurs que dans
les poètes et les écrivains de mon pays ,
me répondit-il ; où trouverai-je dans
Milton un programme plus magnifique
pour bien rendre l'adversaire de Jehova.

Et là-dessus il se mit à réciter les vers
suivants :

Je vais, je viens, jour et nuit je travaille.
Et m'est avis en quelque part que j'aille,
Que je ne perds ma peine aucunement.
Règne le Dieu en son haut firmament !
Mais, pour le moins, la terre est toute à moi.
Et n'en déplaise à Dieu, ni à sa loi ;
Dieu est aux cieux par les siens honoré ;
Des miens je suis en la terre adoré.
Dieu est au ciel ; eh bien ! je suis en terre.
Dieu fait la paix, et moi je fais la guerre.
Dieu règne en haut ; eh bien ! je règne en bas.
Dieu fait la paix, et je fais les débats.
Dieu a créé et la terre et les cieux ;
J'ai bien plus fait, car j'ai créé les dieux.

— Vous êtes protestant, lui dis-je, car c'est du Bèze tout pur.

— Oui, me répondit l'artiste ; je suis protestant en religion, en politique, en art, ce qui ne m'empêche pas, comme vous voyez, d'être à Rome (1).

(1) Le statuaire Jolivet mourut à Naples en 1780, où la cour des Deux-Siciles l'avait appelé avec le titre et les émoluments de premier statuaire du Roi. La France règne partout par le génie de ses enfants.

VIII.

Une fête au palais Chigi. — La Brimbola. — Procès
gagné. — Une présentation au Pape. — Huit jours
au palais de France. — Départ de Rome.

Les invitations de toute espèce pleu-
vaient dans mon humble retraite de la
strada Balbi. Les cardinaux, les prélats,
les ambassadeurs, les seigneurs romains
me conviaient à l'envi à leurs festins, à
leurs réunions et à leurs concerts. Je devais ces témoignages de déférence et de

sympathie, moins au caractère quasi-diplomatique dont j'étais revêtu, qu'à l'amitié du cardinal de Bernis, qui ne cessait de vanter à ses courtisans les qualités qu'il voulait bien prêter à celui qu'il appelait familièrement son jeune avocat. Je trouvais presque toujours des prétextes pour me délivrer de ces pompeuses entraves ; mais le cardinal n'en était pas la dupe, et il me faisait une guerre acharnée sur ce qu'il nommait ma misanthropie.

— Monseigneur, répondis-je, quand on a le bonheur d'être admis chaque jour, à toute heure, dans le palais de l'ambassadeur de France, on peut facilement s'interdire l'accès des autres palais de Rome.

— Et l'on a tort, répliquait M. de Bernis avec une vivacité toute aimable, il faut glorifier sa patrie en tous lieux, et faire tourner à son profit non-seulement

les lumières qu'on a pu acquérir, mais
encore les dons que la nature nous a dé-
partis. Corrigez-vous, mon cher avocat,
ou nous deviendrons ennemis irréconci-
liables.

— Je ferais tout au monde, monseigneur, pour ne pas perdre vos bonnes
grâces; mais permettez-moi cependant
de garder intacte une indépendance qui
est, en quelque sorte, inhérente à ma
profession et à mon caractère. Il y a,
croyez-le bien, plus de circonspection que
de misanthropie dans ma conduite.

— Je respecte vos scrupules, et j'ap-
plaudis à vos sentiments.

— Je vois, ajouta le cardinal en riant,
que les conseils de notre vieux comte de
Saint-Germain ont germé dans votre âme.
Cela est bien, mais en tout, l'excès est nui-
sible; ne désertez pas constamment la
société romaine, car, je vous le répète,

ce serait une faute et un tort ; paraissez-y comme le roi d'Ithaque, si vous voulez, en vous bouchant les oreilles et en fermant les yeux, mais paraissez-y.

Je ne me pressai pas d'obtempérer aux avis du cardinal ; mais M. Vien joignit ses instances à celles de M. de Bernis, et je me décidai à hanter plus assidûment ces assemblées disertes, élégantes, fastueuses, dont j'avais déjà su apprécier les charmes séduisants.

Une fête splendide que le commandeur Chigi donna dans son palais, à l'occasion de sa promotion au grade de capitaine-général des galères de l'ordre de Malte, fut pour moi le passage du Rubicon. J'y assistai, et les magnificences de cette solennité réalisèrent à mes yeux les merveilles fabuleuses des *Mille et une nuits*.

Le palais Chigi est plein du génie de Raphaël ; ce peintre sublime a semé de chefs-d'œuvre les vastes appartements de cette riche demeure, dont les bâtiments ont été élevés sur les dessins du Bra-mante (1). Portiques, terrasses, galeries, jardins, sculptures, tout en est noble et grandiose : les artistes du seizième siècle et ceux du dix-septième ont doté à l'envi ce beau palais des productions immortel-les de leur génie et des suaves émanations de leur âme. La fête donnée par le com-mandeur était digne à tous égards d'avoir un tel lieu pour théâtre.

(1) Aghattino Chigi, célèbre banquier romain du seizième siècle, est le fondateur de cette maison. Comme tous les millionnaires, passés, présents et futurs, Aghattino Chigi avait son patriotisme dans son coffre-fort. Au même moment où il prêtait de l'argent aux Turcs pour faire la guerre aux Vénitiens, il prêtait de l'argent aux Vénitiens pour faire la guerre au pape, son souverain. Les dogmes et la morale du veau d'or ont toujours été les mêmes. Mais cet homme cupide, ce financier intraitable, protégea les arts en roi et fit pour eux autant sans doute que Jules II et Léon X. Le monde doit peut-être Raphaël à Chigi.

A l'issue d'un festin magnifique où
étaient venus s'asseoir des princes, des
cardinaux, des artistes et les femmes les
plus distinguées de Rome par leur naissance, leur fortune et leur esprit, des
symphonies de Glizzi furent exécutées
dans les jardins du palais par cent cinquante musiciens, choristes et instru-
mentistes. Il faut avoir été en Italie pour
se faire une idée de ces solennités artisti-
ques et princières. Des flots d'harmonie
se mêlaient aux parfums des fleurs et aux
lueurs mystérieuses des diamants dont
la chevelure des dames était surchargée;
les voix humaines, comme des girando-
les de flammes s'épanouissaient sous les
dômes de feuillage et vibraient sous les
portiques de marbre comme la harpe d'or
des archanges. La terre semblait parler
au ciel, et Dieu, penché sur les mondes
qui roulent à ses pieds, semblait écouter

ces accents avec amour; tout le firmament était bleu et partout les planètes gravitaient radieuses au milieu de leurs brillants satellites.

L'âme des auditeurs était plongée dans une ravissante extase, un silence profond régnait dans cette nombreuse assemblée qui prêtait encore l'oreille long-temps après que cette musique céleste eut cessé.

La *Brimbola* (1), l'improvisatrice à la mode, saisit alors sa lyre. Elle chanta la prise de Rome par Alaric, et les malheurs

(1) La Brimbola, l'une des plus célèbres improvisatrices qui aient existé en Italie, était la fille d'un pauvre pêcheur transtiberin. Recueillie dès l'âge de quatorze ans par le cardinal de Caserte, elle se fit bientôt connaître par son talent pour la versification. En 1773, elle pouvait avoir quarante ans, mais elle n'en paraissait pas trente. Le temps n'avait porté aucune atteinte à sa prodigieuse beauté. Cette beauté était si éclatante qu'en 1759, Pariggi, peintre estimé de Rome, fit son portrait et lui donna pour pendant celui de la Fornarina. Sous chaque portrait, il plaça une

de la ville éternelle sous la domination des Goths. Ses vers pleins de verve et d'images douces et lugubres excitèrent plus d'une fois les bravos de l'assemblée.

La Brimbola ne se doutait pas alors que, vingt années plus tard, un conquérant, bien autrement formidable que le roi des Goths, s'emparerait de Rome, et que sa propre mort signalerait l'entrée des Français dans cette capitale (1).

En sortant du palais Chigi, je rencon-

inscription qu'on ne peut guère rendre en français : « Le miracle des pains, le miracle des poissons », faisant ainsi allusion à l'évangile et à la profession primitive des deux femmes. On sait que la Fornarina, maîtresse de Raphaël, était comme son surnom l'indique, boulangère, et nous avons dit que la Brimbola était pêcheuse.

(1) Le jour même de l'entrée des Français à Rome, en 1798, une vieille dame fut renversée par un caisson d'artillerie sur la place Navone et écrasée. Cette femme était la Brimbola âgée alors de plus de soixante ans. C'est une fin moins poétique que celle de Cassandre.

trai M. Vien, que je n'avais pu rejoindre pendant le concert.

— Nous voilà donc converti, me dit-il; grâces en soient rendues à notre cher cardinal !

— Je le suis si bien, répondis-je, que je crains sérieusement les suites de ma condescendance aux désirs de M. de Bernis et aux vôtres.

Mes pressentiments n'étaient que trop fondés.

Je me laissai entraîner aux charmes de la société romaine, et j'eus besoin d'une certaine dose d'énergie pour ne point abandonner tout à fait le genre de vie que j'avais embrassé d'abord.

Cependant il y avait près de deux années que j'étais à Rome. Ma famille et mes amis de Paris me pressaient dans leurs lettres de revenir en France, moi-même j'éprouvais le besoin de revoir ma patrie ; mais je ne pouvais pas quitter Rome sans avoir terminé l'affaire qui m'y avait fait appeler.

La consulte nommée par le pape n'aboutissait à rien ; le temps se passait en discussions oiseuses, en récriminations inutiles, en questions saugrenues. Je m'aperçus que, fidèles à la tradition de la politique italienne, les consultants voulaient me lasser pour obtenir de mon ennui ce qu'ils n'auraient pu obtenir de ma volonté.

Je démasquai à l'ambassadeur les manœuvres de la consulte, et je déclarai que je ne m'y rendrais plus, en ajoutant que les tribunaux seuls devaient être désormais appelés à statuer sur le point en litige, tout espoir de conciliation étant perdu.

M. de Bernis m'approuva, alla trouver le pape et n'eut point de peine à le convaincre de la solidité et de la justesse de mes raisons.

Clément XIV ordonna que le procès serait vidé devant le tribunal apostolique dit la Chambre des Décimes ecclésiastiques.

Un mois après, l'ombre de Colbert et les Dominicains étaient en présence d'un tribunal composé de trois juges ecclésiastiques et de deux juges laïques. Trois auditeurs de Rote servaient d'assesseurs et d'avocats-généraux.

M. Paoli Marini, l'un des plus célèbres avocats de Rome, plaidait pour les religieux, et il était assisté par deux Dominicains, premiers de l'Ordre, fort versés dans la science des lois, et surtout dans les arguties de la chicane.

Je parlais assez bien la langue italienne, mais je n'avais pas assez de confiance dans ma force pour revêtir ma pensée de cet

idiôme si doux et si flatteur. Je plaidai
en latin.

Certes, il fallait quelque courage (car
la présomption n'entrait pour rien dans
la détermination que j'avais prise) pour
plaider, à deux pas du Forum, non loin
de cette tribune auguste où le prince des
orateurs romains laissait tomber sur les
têtes de Verrès et de Catilina les foudres
de sa patriotique éloquence ; il fallait du
courage, dis-je, pour plaider en latin !

La fortune favorisa mon audace : je gagnai mon procès. Le contrat passé par
Colbert en 1665 fut déclaré par les juges
bon et valable, et les enfants de saint
Dominique condamnés aux dépens, malgré les efforts de leurs avocats qui, dans
cette cause, déployèrent autant d'érudi-
tion que de talent.

Ma plaidoirie fit quelque sensation à
Rome. Je m'étais appliqué à tempérer la

sécheresse et l'aridité du sujet, par l'originalité des détails, par la forme des appréciations. J'avais, à ce qu'il paraît,
assez heureusement réussi.

Le pape voulut me voir, et M. de Bernis me mena au Vatican.

Clément XIV m'accueillit comme il accueillait tous les étrangers, avec une
aménité charmante. Il me parla du roi
de France, du Parlement, du Barreau
de Paris en termes qui me flattèrent vivement comme Français et comme avocat.
Après m'avoir adressé des éloges sur ma
plaidoirie qu'il avait lue, disait-il, et qu'il
aurait crue empruntée à quelques manuscrits palimpsestes du Vatican, tant la
latinité en était élégante, — jugement qui
me fit douter de l'infaillibilité de Sa Sainteté, — il ajouta :

— La victoire, monsieur, que vous
venez de remporter chez nous, va sans

doute vous ouvrir en France la carrière des honneurs : vous allez entrer
au Parlement ?

— Très saint père, lui répondis-je , je
ne porte point mes vœux si haut. Le simple titre d'avocat suffira toujours, je l'espère, à mon bonheur et à mon ambition.

— Oh ! reprit le pontife en souriant ,
vous avez là un homme qui vous aime
beaucoup, et il montrait le cardinal de
Bernis ; s'il se met dans la tête de vous
faire président, vous le deviendrez. Au
surplus je ne suis point surpris qu'il ait
tant désiré de me voir pape. Les poètes
ont toujours aimé les métamorphoses.

— Très-saint Père, vous étiez digne
d'être le vicaire de Jésus-Christ : vos
vertus que l'univers admire vous dési-
gnaient assez aux suffrages du sacré collége.

Clément leva les yeux au ciel et porta ses mains amaigries déjà par la maladie, sur ses yeux.

— Vicaire de Jésus-Christ ! ! ! répéta-t-il en poussant un profond soupir. Monsieur, restez avocat si vous le pouvez, vous ferez bien, les honneurs dévorent la vie et quelquefois ils compromettent le salut.... restez avocat, hélas ! combien de fois, depuis cinq ans, ne me suis-je point surpris à regretter ma cellule du couvent des Saints-Apôtres ! cette pourpre est plus lourde à porter que la robe de bure du frère Laurent Ganganelli.

Le vénérable pontife jetait ainsi, sur le seuil de la tombe qui devait bientôt l'engloutir, un œil d'envie sur les douces années de son obscurité. Son cloître, sa cellule, ses chers livres, lui apparaissaient au loin comme des protecteurs qui s'éloignaient, comme des amis qu'il ne devait plus revoir.

Rien ne me retenait plus à Rome que mes amis de l'Académie de France qui n'avaient pas manqué de venir me sommer de tenir la promesse que je leur avais faite autrefois.

Je quittai donc mon petit appartement de la strada Balbi pour aller, pendant huit jours, m'installer dans ce noble asile que les Dominicains avaient voulu morceler sans respect pour la mémoire de Louis XIV et de Colbert.

Je me fis pendant huit jours artiste ; pendant huit jours, j'abdiquai mes livres, mes méditations, mes études. Je visitai avec les peintres, les sculpteurs, les graveurs de mon pays, tous les monuments de Rome et de ses environs. Ces piquantes caravanes étaient entremêlées de visites dans les principales galeries de Rome.

Rien n'échappa à mes investigations, ni une ruine, ni une statue, ni un tableau.

Le moment vint enfin de me séparer de cette savante colonie dont j'avais partagé, pendant deux ans, les paisibles délassements.

— Nous nous reverrons à Paris, me dirent-ils en m'embrassant ; en attendant, recevez de vos compatriotes un gage de leur souvenir et de leur reconnaissance.

Et M. Vien, au nom des élèves de l'Ecole, me présenta une coupe d'or ciselée avec un art exquis et par une main française.

Sur cette coupe étaient représentés allégoriquement les principaux épisodes du procès intenté si maladroitement par les moines de Saint-Dominique et que j'avais eu le bonheur de gagner.

Ce gage d'amitié donné par des compatriotes, par des frères, par des amis, sur une terre étrangère, les adieux touchants qui suivirent ce don, si noblement offert, m'émurent jusqu'aux larmes.

— Je croyais, dis-je à M. Vien, que le cœur n'avait point de larmes douloureuses quand on reprend le chemin de la patrie ; vous m'avez prouvé le contraire.

Je visitai, en retournant en France, Bologne, Padoue, Florence, Pise, Parme, Plaisance. Je saluai Milan, la cité aux grandes églises, et Turin, l'hospitalière. Je traversai les Alpes et j'arrivai à Lyon, le 20 mai 1774.

J'appris dans cette ville la mort de Louis XV (décédé à Versailles, le 14 mai 1774). De graves événements allaient sans doute surgir : tout me faisait une loi de hâter mon arrivée à Paris.

Je fis une visite de quelques heures à

M. Flamel de Bourdeille et je continuai ma route. Il me tardait de remettre au ministre des affaires étrangères les dépéches importantes dont le cardinal m'avait chargé , et il me tardait encore plus de serrer dans mes bras mon père, ma mère et mes frères !

IX.

Louis XVI voulut signaler son avènement au trône par un grand acte politique.

Le parlement Maupeou, complaisant instrument d'un roi dissipateur et d'une favorite insatiable, s'était attiré l'exécra-

tion publique par sa criminelle condescendance aux désirs de la cour.

Louis XVI le renversa ; il fit plus : il
exila le chancelier, principal auteur de
ces désordres judiciaires, congédia les
Cours et Tribunaux de nouvelle formation, et rappela les anciens Parlements.

Le parlement Maupeou avait aug-
menté les tailles de toutes les provinces ;
il avait mis un dixième sur les rentes
perpétuelles, un quinzième sur les rentes
viagères ; le marc d'or avait été successivement doublé, triplé, quadruplé ; on
avait créé un centième denier sur les offices ; les huit sous pour livre avaient été
étendus jusqu'à dix ; on faisait payer une
seconde fois la noblesse à ceux qui l'a-
vaient acquise ; le premier vingtième sur
les immeubles avait été prorogé indéfini-
ment, et le second pour dix ans.

Toutes ces ignobles déprédations, toute cette inique fiscalité avaient indigné le peuple ; il salua par d'unanimes acclamations les mesures bienfaisantes d'un roi de vingt ans qui, à peine assis sur le trône, donnait déjà d'éclatants témoignages de son amour pour la justice et de sa sympathie pour les sentiments nationaux.

Le 12 novembre 1774, Louis XVI vint à Paris tenir un lit de justice.

Entouré des princes, des pairs et des grands-officiers de la couronne, assemblés dans la Grand'Chambre, Louis déclara que son intention était de rétablir dans leurs fonctions les anciens membres du Parlement.

Le nouveau garde-des-sceaux, M. Hue de Miromesnil, expliqua alors les volontés du roi, et le maître des cérémonies fut envoyé vers les magistrats qui s'étaient réunis dans la chambre Saint-Louis. Arrivés à la Grand'Chambre, les Parlementaires revenants prirent la place qu'ils occupaient d'habitude dans les lits de justice.

On procéda alors à l'enregistrement de plusieurs édits, entr'autres :

1° Celui du rétâblissement des anciens officiers du Parlement ;

2° L'érection de la charge de garde-des-sceaux en faveur de M. Hue de Miromesnil , avec attribution de tous les droits , fonctions et prérogatives attachés à la place de chancelier.

3° La suppression des nouveaux offices créés pour le Parlement et les conseils supérieurs dans les provinces ;

4° Un règlement de discipline pour le Parlement , portant suppression des requêtes du Palais et fixant l'âge où les voix seront comptées ;

5° Le rétablissement du Grand-Conseil, avec ses anciennes attributions ;

6° Le rétablissement de la Cour des Aides ;

7° La suppression des avocats *du Parlement de Paris* et rétablissement de la communauté des quatre cents procureurs, à la charge de suppression des offices qui viendraient à vaquer jusqu'à concurrence de deux cents ;

8° Ampliation des pouvoirs des présidiaux jusqu'à 2,000 livres au premier chef et 4,000 au second chef.

Pendant cette séance, Monsieur, comte de Provence, frère du roi, installait au Louvre, dans la chambre du Grand-Conseil, les membres du parlement Maupeou, et faisait enregistrer l'édit qui rétablissait ce tribunal.

Il faut avoir été témoin de cette double cérémonie pour se faire une idée de l'en-

thousiasme qu'elle fit naître. Du Palais-
de-Justice aux Tuileries, le jeune monarque fut salué par les vivats d'une foule
ivre de joie ; le respect du sanctuaire de
la justice n'arrêta pas même l'élan de la
satisfaction générale : les clercs de la
Bazoche et les jeunes avocats stagiaires
criaient à tue-tête, sous les lambris so-
nores de la grande salle :

— Vive le Roi ! vive le Parlement !

Et ces cris, répétés par le peuple en-
tassé dans la cour du Palais, sur les ponts,
sur les quais et dans les rues, se prolon-
geaient jusqu'au Louvre au milieu des
fanfares militaires et des salves d'artillerie.

M⁰ Loiseau de Mauléon ne fut pas le
dernier à se réjouir de cet heureux événement. Il vint à moi dans la Grand'Salle,
et me dit en m'embrassant :

— Je puis répéter aujourd'hui les paroles du vieillard Siméon : *Nunc dimittis servum tuum, Domine.* J'ai assez vécu, puisque j'ai assisté au triomphe de la bonne cause. Mon jeune confrère, conservez précieusement le souvenir de tout ce que vous avez vu aujourd'hui. Le retour du vrai Parlement ouvre à notre patrie une ère nouvelle de grandeur et de prospérité. Le règne des courtisans et des favorites est à jamais passé ; nous allons désormais marcher sous le sceptre d'un monarque ami de la justice et de la vérité, dans la route des améliorations sociales. Vous êtes jeune, vous verrez de grandes choses.

La prophétie de M⁰ Loiseau se vérifia en partie ; je vis en effet de grandes choses, mais à quel prix et en quelles circonstances !

L'existence du parlement Maupeou ne fut pas sans gloire sous le rapport purement judiciaire. Des affaires qui eurent alors un grand retentissement , soit par la gravité des intérêts qui s'y rattachaient , soit par le talent des avocats qui plaidaient , illustrèrent ses audiences.

Le procès de Morangié et des Véron, en 1772 , et le procès de Goezman et de Beaumarchais , en 1773 , feront époque dans les annales du Palais.

Le dernier procès surtout excita à un haut degré la curiosité publique. Beaumarchais , par des *factums* pleins de sel , de malice et d'esprit , se concilia les suffrages du public, de ses juges et du barreau.

Voltaire , du fond de sa retraite de Ferney, fut jaloux des succès de Beaumarchais. Il écrivait à M. de Saint-Lambert :

« J'apprends qu'un sieur Caron, surnommé Beaumarchais, occupe tout Paris par ses libelles en forme de mémoires. Cette manière de faire parler de soi est pitoyable, et je ne sais, en vérité, à quoi pensent les Parisiens de se passionner pour de semblables misères. Il est bien permis au sieur Caron de Beaumarchais de jouer le rôle d'avocat, puisqu'il a les qualités requises pour y briller (1) ; mais il n'est point permis à une ville, qui se pique d'avoir la politesse et le bon goût d'Athènes, de s'extasier sur des lazzis et des bouffonneries qui ne valent pas la

(1) Voltaire n'aimait pas les avocats, et en voici le motif. En 1739, l'abbé Desfontaines publia contre Voltaire une diatribe sous le nom d'un avocat. L'auteur de la *Henriade* s'empressa de demander au bâtonnier de l'ordre une lettre, qui porterait : « Qu'après s'être informé à tous les avocats de Paris, ils avaient tous répondu qu'il n'y en avait aucun capable de faire un si infâme libelle. » Voltaire demandait encore que la lettre contînt un mot sur sa famille, « dont je serais dit-il, plus honoré mille fois, que je ne suis affligé des insultes d'un misérable comme Desfontaines. » Puis il

Pipe cassée de notre ami Guillaume Vadé. »

Le barreau s'enrichit aussi pendant la courte existence du parlement Maupeou de talents éminents : les Hardoin, les Debonnières, les Linguet et plusieurs autres dont les noms viendront plus tard se placer sous ma plume, jetèrent alors les fondements de leur réputation.

Je ne manquai point, en arrivant à Paris, d'aller présenter mes hommages à M. Gerbier.

Il m'accueillit avec cette affabilité,

ajoutait : « Au reste, l'honneur qu'on daignerait me faire ne tomberait, monsieur, que sur un homme pénétré d'estime et de respect pour votre profession, et qui se repent tous les jours de ne point l'avoir embrassée. » Le bâtonnier et le Conseil de l'ordre ne mirent pas dans la poursuite de cette affaire toute l'ardeur que Voltaire désirait, et le poète en garda un violent ressentiment. Il se vengea dans plus d'une occasion, et notamment dans son histoire du Parlement, en faisant descendre à 1730 l'origine de la dénomination d'Ordre des avocats.

cette bienveillance qui lui était naturelle. Je remarquai cependant sur sa physionomie une teinte de tristesse et de mélancolie et je lui en demandai la cause.

— Mon cher confrère, me répondit-il, le retour de l'ancien Parlement est une satisfaction donnée à l'opinion publique; mais je prévois que cette satisfaction tournera au désavantage du trône. Comme citoyen, j'éprouve donc des inquiétudes que je crois fondées ; comme avocat, je redoute les tracasseries des rigides de l'Ordre. Vous n'ignorez pas que je suis un des vingt-huit (1) ? On ne me par-

(1) La rentrée des avocats au parlement Maupeou en 1771 ne fut pas l'ouvrage ni le vœu de l'Ordre ; ce fut une défection individuelle de vingt-huit avocats qui, gagnés ou intimidés par le chancelier, se décidèrent à prêter serment le jour de la Saint-Martin. Les rigides suivirent les parlementaires dans les conseils supérieurs en province ; quelques autres se renfermèrent dans les consultations à Paris.

donnera pas d'avoir entraîné par mon exemple la majeure partie de nos confrères. Mais ce que j'ai fait, j'ai dû le faire, et la chose serait à recommencer que je n'agirais pas autrement.

M. Gerbier porta en effet la peine de son application à ses devoirs et de son amour pour la paix ; il fut en butte, dans les dernières années de sa vie, aux mesquines vengeances de la jalousie et de la médiocrité. Cet homme d'un cœur si haut, d'un talent si pur et si élevé, ne fut pas assez philosophe pour mépriser ces vaines attaques : il succomba sous le poids des dégoûts qu'on lui suscitait de toutes parts.

Ma famille m'avait revu avec une joie qu'il est plus facile de sentir que de peindre. Mon retour, si impatiemment attendu, avait été signalé par des réunions, par des festins, par des fêtes, dont

je me trouvais naturellement le héros. A
cette époque, où les jeunes avocats n'allaient point encore passer leurs vacances
en Suisse, en Italie, en Espagne ou en
Savoie, un homme qui avait passé deux
années à Rome était regardé comme un
prodige.

Mes excellents parents ne se lassaient
pas de me questionner sur tout ce que
j'avais vu en Italie, et, de mon côté, je
ne me lassais pas de répondre à leur juste
curiosité. Quand je leur disais que j'avais
vécu dans l'intimité du cardinal de Bernis, que j'avais fréquenté les palais des
cardinaux et des princes romains; quand
je leur racontais surtout mon entrevue
avec le pape Clément XIV, ils croyaient
être sous l'influence d'un songe. Je jouis-
sais alors de leur surprise et je m'applau-
dissais intérieurement du bonheur que
je leur faisais éprouver, car un peu de

vanité se mêle toujours à de certaines sollicitudes paternelles.

Quelques mois après mon arrivée à Paris, mon père me dit, à l'issue d'une promenade que nous avions faite ensemble dans le beau jardin des Récollets :

— Pendant que vous étiez à Rome, mon fils, nous n'avons cessé, votre mère et moi, de penser à vous.

— J'en suis persuadé, mon cher père.

— Mon fils, vous avez vingt-cinq ans, votre avenir est fixé ; il faut vous marier....

— Me marier, mon cher père, répondis-je en ne cherchant point à dissimuler mon étonnement de cette brusque apostrophe.

— Ce mot vous étonne ? Mon fils, apprenez qu'un juge, qu'un médecin, qu'un avocat, ne sauraient se marier assez tôt. Toutes les professions qui réclament la confiance publique , ont besoin de se soumettre de bonne heure à ce joug salutaire. Au surplus , nous ne voulons pas forcer votre inclination. La personne que nous vous destinons est digne par sa naissance, par sa fortune et par son éducation , de s'attacher le cœur d'un honnête homme ; vous la verrez, si elle vous convient, l'affaire est faite.

Dès le lendemain , en effet , mon père me présentait chez les parents de la jeune fille.

C'étaient de bonnes gens , des bourgeois qui avaient amassé , par trente années de travaux , une fortune assez considérable , et qui savaient s'en faire honneur.

On me reçut comme un hôte qu'on attendait, et la cordialité la plus franche, la plus expansive , régna dans cette première entrevue. La jeune personne n'était ni belle, ni jolie, mais l'ineffable douceur répandue sur ses traits décelait une âme chaste, des goûts modestes et un esprit sérieux.

— Eh bien ! me dit mon père, que pensez-vous du choix que nous avons fait pour vous ?

— Je pense, mon cher père, répondis-je, puisque vous voulez absolument me marier, qu'il était impossible de rencontrer mieux. J'ignore si cette jeune fille m'inspirera plus tard de l'amour, mais à coup sûr, dès aujourd'hui, j'éprouve pour elle un sentiment qui ressemble fort à de la tendresse.

— C'est fort bien, répliqua mon père. Rappelez-vous, mon fils, que les bons mariages se font avec la tête et rarement avec le cœur.

Pendant six mois, six grands mois, *je fis la cour*, comme on disait alors, à ma future. Cet usage, qui est tombé comme beaucoup d'autres en désuétude , avait de grands avantages : les défauts et les qualités de ceux qui devaient se courber sous le même joug , apparaissaient un à un en quelque sorte dans cette lente initiation, et il était aussi difficile de se contrefaire que de se tromper.

Pendant ce temps d'épreuves , je découvris dans ma jeune fiancée des vertus solides, des qualités estimables , un sens exquis. Je hâtai de tous mes vœux le moment qui devait faire mon bonheur.

Il arriva enfin , et je me mariai , à la grande satisfaction de ma famille, qui voyait dans cet indissoluble lien le gage de ma *sédentarité* à Paris.

Le lecteur me pardonnera cet incident assez vulgaire ; mais j'ai voulu consacrer quelques lignes dans ces souvenirs à une union qui fit pendant quarante ans le bonheur de ma vie.

Le Parlement restauré s'occupa avec ardeur du soin de rétablir la discipline qui s'était considérablement relâchée pendant l'existence du parlement Maupeou. Le règlement du 5 mai 1751, concernant le Barreau, fut remis en vigueur.

Il ne sera pas hors de propos de dire ici en quelles circonstances ce règlement fut promulgué.

M. Louis Doulcet, bâtonnier, se présenta au Parlement le 5 mai 1751 et déclara que l'on avait inscrit sur le tableau des avocats qui ne se destinaient pas sincèrement à cette profession ; qui ne l'avaient pas exercée depuis, ou qui l'avaient exercée d'une manière prohibée par les règlements et contraire au bien public.

Que des clercs, qui n'avaient pas rempli le temps pour être reçus procureurs,

avaient trouvé le secret de se faire ins-
crire sur deux tableaux, quoiqu'ils n'eus-
sent jamais fait la profession d'avocat.

Que l'on avait inscrit, à la suite du tableau, des avocats inconnus, qui n'avaient
pas de domicile à Paris, ou qui avaient
accepté des emplois incompatibles avec la
profession d'avocat.

Pour quoi il croyait devoir proposer à
la Cour d'ordonner que l'on ne pourra
plus être inscrit sur le tableau qu'après
quatre années de fréquentation du Barreau, dont on sera tenu de rapporter des
certificats, signés par six avocats, qui seraient indiqués par le bâtonnier.

Que nul ne pourra être inscrit sur le
tableau, s'il ne fait sa profession d'avocat,
et s'il n'a un domicile constant et connu
à Paris.

Ordonner pareillement qu'il n'y aura
aucune liste à la suite et séparées du ta-

bleau , contenant les noms de ceux qui n'auront pas fait leurs quatre années d'épreuves.

Les gens du roi se joignirent au bâtonnier, et l'arrêt dont il s'agit fut rendu. Cet arrêt convertissait en règlement les mesures proposées par le bâtonnier.

Ce règlement était le *palladium* du Barreau : il protégeait sa dignité , son indépendance et son honneur. Le parlement Maupeou le foula aux pieds en négligeant d'en faire observer la teneur. Le Parlement restauré lui rendit toute sa force et toute son action.

Vers les derniers jours de l'année 1774, un homme , de quarante ans à peine, d'une mise distinguée, et décoré de l'Ordre royal et militaire de Saint-Louis , se présenta dans mon cabinet.

— Monsieur, me dit-il , je viens invoquer vos conseils et vos lumières pour une affaire d'une haute importance : il s'agit d'un crime à expier.

— Un crime à expier ? répondis-je ; ceci, monsieur, est plutôt du ressort d'un grand pénitencier que d'un avocat.

— Si vous voulez bien me prêter quelques instants d'attention, vous verrez, monsieur, que l'avocat est aussi compétent que le prêtre.

— Parlez, monsieur, je vous écoute.

Mon client passa la main sur son front et sur ses yeux, comme pour rappeler ses souvenirs et commença ainsi son discours :

— Il y a vingt ans environ, un jeune homme, capitaine dans le régiment d'Aubeterre, se promenait avec quelques-uns de ses camarades sur les allées de Tourny, à Bordeaux. Echauffés par le vin et par la bonne chère, ces étourdis se livraient à mille folies et débitaient à haute

voix mille propos inconvenants, lorsqu'un homme grave vint à eux et leur
reprocha en termes mesurés le scandale
de leur conduite.

Le capitaine au régiment d'Aubeterre,
plus irascible ou plus méchant que ses
camarades, ne laissa pas achever une
mercuriale si bien méritée et frappa au
visage cet homme qui ne l'avait point offensé. Cet homme avait du cœur :

— Demain, dit-il au capitaine, demain, à cette place, à la pointe du jour,
vous me rendrez raison de l'affront que
vous venez de me faire.

— Demain soit ! lui répondit-on.

Le lendemain, le corps d'un homme
tué en duel était trouvé dans les allées de
Tourny, et ce corps n'était point celui
du capitaine.

Un cri d'indignation s'éleva dans Bordeaux. La victime de ce duel était un

négociant honorable, père de cinq enfants, dont l'aîné atteignait à peine sa
sixième année. La justice prétendit se
mêler de l'affaire; mais l'officier, qui appartenait à une famille puissante, n'eut
pas de peine à se mettre à l'abri de ses
poursuites.

Ce duel, pour le capitaine, fut le pré-
curseur de beaucoup d'autres. Dans toutes les villes où son régiment tenait gar-
nison, le nom de cet officier devenait
populaire : on le citait comme le gentilhomme le plus querelleur et le duelliste
le plus heureux de l'armée. Il y a six ans,
il passa lieutenant-colonel au régiment
d'Angoumois : le corps d'officiers se plai-
gnit au ministre de la guerre de cette nomination, qu'il appelait de faveur. Le
nouveau lieutenant-colonel, instruit de
ces sourdes menées, mit ses épaulettes
dans sa poche et appela en duel trente-

trois mécontents, qu'il blessa ou qu'il désarma.

— Mais vous parlez, monsieur, du marquis de Manil, dis-je à mon client; j'ai beaucoup entendu parler de ce noble duelliste, il y a quelques années, chez M. le maréchal de Biron.

— Ce marquis de Manil, ce noble duelliste, monsieur, répartit mon client, c'est moi !

X.

Le mariage impossible. — Linguet et Cazotte. — La
première représentation du Barbier de Séville. —
Lecture de Paul et Virginie chez Madame d'Houdetot.
— Prospérité du barreau de Paris.

— Déplorable vainqueur dans une mul-
titude de duels dont les suites ont été
souvent funestes, je suis arrivé aujour-
d'hui, monsieur, poursuivit le marquis
de Manil, à maudire l'existence et à dé-
sespérer de la miséricorde de Dieu. Les

remords me rongent le cœur ; il ne se passe pas de nuit sans que mon sommeil soit troublé par l'apparition de quelques-unes de mes victimes. — Effet ordinaire d'une imagination frappée, me direz-vous peut-être ! — Non, monsieur ; je vois, je reconnais distinctement les traits de ceux qui sont tombés sous mes coups, je compte leurs blessures, j'entends le râle funèbre dont ils saluaient mon sanglant triomphe.

Le marquis, en prononçant ces tristes paroles, était lui-même digne de pitié ; sa noble et fière physionomie, sillonnée de rides prématurées, portait l'empreinte de l'abattement et du désespoir ; ses yeux, allumés par la fièvre, brillaient d'un éclat farouche.

Je restais muet de stupeur et d'étonnement.

— Il y a deux siècles, continua le

marquis, j'aurais cherché à éteindre mes remords dans le fond d'un cloître. Un lit de cendre, un cilice et des pratiques journalières d'une piété ardente, soutenue par une foi vive, auraient peut-être apporté quelque adoucissement à mon sort ; mais le scepticisme est entré dans mon âme ; ce scepticisme qui a tout détruit, Dieu, la croix, l'espérance elle-même d'une autre vie, m'abandonne désormais à mes remords et ne me permet pas même le repentir. Je suis dans un enfer perpétuel ; je ne puis plus vivre ainsi ; il faut que je m'échappe à tout prix de ce cercle de tourments où je tourne sans cesse. Je veux essayer d'une expiation, et c'est sur le mode de l'accomplir que je viens vous consulter.

J'ai appris que l'épouse infortunée de ma première victime, de ce négociant de Bordeaux, était réduite à la plus extrême misère. Cette pauvre femme, après avoir sacrifié tout ce qu'elle possédait pour élever ses enfants , n'a plus pour exister qu'une modique pension que lui alloue sa famille. Je veux épouser cette femme, monsieur ; je veux adopter ses enfants , et racheter ainsi le crime que j'ai commis il y a vingt ans.

— Qu'allez-vous faire , monsieur, répartis-je, ne voyez-vous pas tout l'odieux qui retomberait sur la tête de cette infortunée , si elle consentait à accepter la main du meurtrier de son époux ?

— Lors de ce duel fatal , répondit le marquis , je ne portais que le titre de chevalier de Cresne ; ce ne fut que dix ans après, lors de la mort de mon père , que je pris le titre et le nom du marquis de Manil.

— Nonobstant cette transformation , monsieur , votre secret ne saurait être

gardé longtemps, trop de gens ont intérêt à le divulguer, ceux-ci par cupidité,
ceux-là par vengeance. Votre famille,
d'une part, vos ennemis (et vous devez
en avoir beaucoup), de l'autre, s'uni-
raient pour faire connaître l'affreuse vérité à votre femme. J'ai trop bonne opinion de cette dame pour croire qu'un
titre de noblesse, qu'une grande fortune
suffiraient pour la consoler d'un hymen
réprouvé par la religion et par les conve-
nances sociales. Que deviendriez-vous
alors? Etranger dans votre propre maison, vous seriez l'épouvantail et l'effroi
de votre nouvelle famille ; votre femme
ne pourrait vous approcher sans frémir ;
ses enfants, ces enfants que vous vou-
driez appeler les vôtres, accepteraient en
rougissant le pain trempé du sang de
leur véritable père, que vous leur offri-
riez. Ils maudiraient tous, oui, monsieur,

ils maudiraient tous votre bienfaisance et l'artifice dont vous vous seriez servi pour les protéger, pour les enrichir. Votre sollicitude , vos caresses seraient impuissantes pour vous garantir de leur animadversion, pour échapper à leur haine, et le meurtre commis par le chevalier de Cresne souillerait constamment les bienfaits du marquis de Manil.

— Aussitôt mon mariage conclu, interrompit le marquis, j'emmène ma nouvelle famille dans un château que je possède au fond du Languedoc. Je fais divorce avec le monde ; je me réfugie dans les joies et dans les douces occupations de la famille : on oubliera mes funestes aventures, on oubliera jusqu'à ma personne, et, confiné dans mon obscure retraite , je retrouverai peut-être le calme de l'âme et la tranquillité du cœur.

— La vérité a quelquefois des ailes comme la calomnie, monsieur, ou plutôt le désir excessif de nuire inspire souvent à quelques personnes la fatale pensée de dévoiler les actions d'autrui. Les murailles de votre château ne vous défendront pas des atteintes de cette foudre domestique; vous en serez écrasé tôt ou tard, et vous chercherez vainement à vous soustraire à ces angoisses d'une nouvelle espèce. Croyez-moi, monsieur, renoncez à votre projet d'alliance, à une union que je ne balancerais pas à nommer immorale et dangereuse, et n'ajoutez pas au poids déjà si lourd de vos remords les dégoûts d'une existence flétrie.

— Mais ne pourrais-je donc pas venir en aide à une famille que j'ai plongée dans la détresse; ne pourrais-je pas protéger des êtres innocents que j'ai privés de leur père?

— Les lois vous donneront la facilité d'obéir à vos généreux sentiments.

— Des donations, des substitutions; des adoptions, sources intarissables de procès! ma famille, après ma mort, ne manquerait pas de renverser tout l'édifice de mes volontés; elle est puissante, je vous l'ai dit, et elle ne se verrait pas dépouiller d'une fortune sur laquelle elle compte, sans opposer une vive et longue résistance. Mes bienfaits seraient préjudiciables à ceux que j'aurais voulu sauver.

— La loi soutient le faible contre le fort, elle est égale pour tous. Si les actes énoncés de votre libre volonté sont en bonne forme, il n'y a point de puissance au monde qui puisse en contester la validité.

Le marquis me regarda fixement, et un sourire d'incrédulité vint effleurer ses lèvres.

— C'est à un homme qui a tué impunément ses semblables pendant quinze années de sa vie, que vous venez dire, monsieur, que la justice est égale pour tous ! La fiction est belle sans doute, respectable, nécessaire, mais croyez-moi à votre tour, ce n'est qu'une fiction.

— Je réfléchirai, monsieur, ajouta mon client, en se levant, à tout ce que vous m'avez dit. Si mon esprit se rend à vos raisons, je reviendrai vous voir et nous jetterons ensemble les bases de ces actes qui doivent soulager ma conscience et consoler mon cœur.

Le marquis de Manil ne revint pas.

J'appris, au bout de quelques mois qu'il s'était marié à la veuve du négociant de Bordeaux, et qu'il l'avait avantagée de tous ses biens présents et à venir, ce qui faisait monter cette fortune à plus de trois cent mille livres de rentes.

Le marquis ne m'avait pas dit qu'il avait rencontré dans le monde cette dame et qu'il en était devenu éperdûment amoureux, moins pour sa beauté que pour son esprit. Cependant, madame la marquise de Manil, que je vis en 1780, chez M. le duc de Penthièvre, avait conservé, malgré ses quarante ans, un grand éclat de physionomie, que la vivacité, les grâces et les ornements de son esprit rehaussaient merveilleusement. Elle sortait, au surplus, d'une famille féconde en personnes de mérite. Mme de Manil était petite nièce de Mlle de Bernard, si célèbre au dix-septième siècle par son originalité et ses talents (1).

(1) Louis XIV avait gratifié Mlle de Bernard d'une pension de deux cents écus. Cette pension fut suspendue pendant quelque temps. Mlle de Bernard adressa alors au roi un placet ainsi conçu :

Sire , deux cents écus sont-ils si nécessaires
Au bonheur de l'Etat , au bien de vos affaires,

Ce que j'avais prévu arriva malheu-
reusement. La marquise de Manil , ins-
truite des sinistres antécédents de son
époux , se sépara de lui en 1786 ; sept
années après , un fils d'adoption de ce
seigneur, qui n'avait pas voulu émigrer,
le dénonça au tribunal révolutionnaire.

Que sans ma pension vous ne puissiez dompter
Les faibles alliés et du Rhin et du Tage?
A vos armes, grand roi, s'ils peuvent résister ;
Si , pour vaincre l'effort de leur injuste rage ,
   Il fallait ces deux cents écus ,
   Je ne les demanderais plus.
Ne pouvant aux combats pour vous perdre la vie,
Je voudrais me creuser un illustre tombeau :
Et souffrant une mort d'un genre tout nouveau ,
   Mourir de faim pour la patrie.
Sire, sans ce secours tout suivra votre loi,
Et vous pouvez en croire Apollon sur sa foi.
Le sort n'a point pour vous démenti les oracles.
Ah ! puisqu'il vous promet miracles sur miracles ,
Faites-moi vivre, et voir tout ce que je prévois.

La pension fut payée , et le roi y ajouta une bourse
de cent louis d'or. Mlle de Bernard composa avec Fontenelle deux tragédies *Brutus* et *Léodamie*. Elle rem-
porta plusieurs fois le prix à l'Académie française ;
et fut reçue de l'Académie des Ricovrati de Padoue.
Elle mourut en 1722.

Le marquis de Manil fut arrêté , jugé et condamné dans la même journée. Il subit les apprêts du supplice avec un courage héroïque , et marcha à la mort sans se plaindre.

— Je n'ai jamais si bien dormi que cette nuit , dit-il au bourreau qui venait le chercher ; en vérité, je ne me sens pas la force de maudire les ingrats qui m'ont dénoncé.

Des relations de société me firent connaître deux hommes dont la destinée fut à peu près pareille à celle du marquis de Manil : Cazotte et Linguet. Je ne parlerais peut-être pas ici de ces deux hommes singuliers si le premier , par le procès qu'il eut à soutenir contre les Jésuites dans la personne du père Lavalette, n'appartenait pas en quelque sorte , par ses Mémoires contre la société de Jésus , à l'histoire judiciaire de l'époque , et si le second , par les scandales dont il effraya le barreau , ne s'était pas créé une illustration viagère, par la témérité de son talent et la fougue de son caractère (1).

Linguet m'étonnait, Cazotte me subjuguait , j'estimais l'un et j'aimais l'autre. L'avocat et l'homme de lettres trouveront désormais une place assez importante dans la suite de ces Mémoires. Cazotte surtout , dont on a voulu faire, dans ces derniers temps, une espèce de prophète , reprendra , je l'espère , sous ma plume ,

(1) Né à Reims, de parents pauvres, Linguet vint faire ses études à Paris , où il ne tarda pas à se faire remarquer par son esprit, sa facilité et son audace. Il alla en Pologne avec le duc de Deux-Ponts ; revint en France ; suivit le prince de Beauveau dans sa campagne de Portugal , puis, de retour à Paris, se fit recevoir avocat. Linguet, dans les diverses phases de sa vie, se montra toujours homme de caractère et de talent. Par malheur, cette fermeté et ce talent s'unissaient chez lui à un prodigieux amour-propre, et à une susceptibilité excessive. La fin tragique de cet avocat ne sera point passée sous silence dans mes souvenirs.

toute la vérité de son esprit et de son talent (1).

L'année 1775 fut marquée sous le rapport dramatique par la première représentation du *Barbier de Séville*, comédie de Beaumarchais.

Le succès fou qu'obtint cet ouvrage ne fut pas dû tout à fait, il faut en convenir, à son mérite littéraire. Beaumarchais, dans son procès contre le conseiller Goezmann, membre du parlement Maupeou, avait répandu à pleines mains sur

(1) Cazotte, après avoir échappé aux massacres de septembre, grâce au dévouement de sa fille, fut repris et jugé pendant la Terreur, comme ayant participé aux crimes du 10 août. « Pourquoi, dit l'accusateur public à Cazotte, faut-il que je vous trouve coupable après soixante-douze années de vertu ! Il ne suffit pas d'avoir été bon fils, bon père, bon époux, il faut encore être bon citoyen. — Je n'ai jamais cessé de l'être, répondit le vieillard en se levant, et les crimes imaginaires dont vous m'accusez, ne sauraient égarer sur mon compte l'opinion de mes concitoyens. Prenez ma vie, ajouta-t-il, mais ne me calomniez pas.

le Parlement usurpateur les traits de sa verve moqueuse. Il avait perdu son procès devant ses juges, qui étaient aussi partie, mais il l'avait gagné avec dépens devant le tribunal de l'opinion publique.

L'auteur du *Barbier* recueillit les fruits semés par le plaideur : on voulut assurer le triomphe de l'auteur du fameux mémoire, et la jeunesse de Paris, ayant à sa tête les clercs de la Bazoche et les jeunes avocats, envahirent de bonne heure le parterre du Théâtre-Français. La pièce fut applaudie d'un bout à l'autre avec fureur, et les nombreuses allusions qu'elle renferme saisies et saluées par d'unanimes acclamations.

J'étais à côté de Cazotte à cette représentation.

— Vous verrez, me dit-il, que Beaumarchais va détrôner Molière.

Quelques jours après la première représentation du *Barbier de Séville*, Bernardin de Saint-Pierre vint me voir. Notre liaison avait pris depuis deux ans, et par correspondance (à cause de mon séjour à Rome), tous les caractères d'une amitié profonde; et il ne se passait guère de semaines sans que nous nous vissions.

— Je suis chargé, me dit-il, de la part de madame d'Houdetot de vous emmener à sa maison de campagne de Sannois.

— Quand cela ? fis-je.

— Demain.

— Demain! impossible, mon cher Bernardin, j'ai deux enquêtes à suivre en ce moment ; je plaide dans une cause d'apparat la semaine prochaine à la Grande-Chambre ; je ne puis m'absenter de Paris sous aucun prétexte.

— J'ai pourtant promis de vous amener, me répondit M. de Saint-Pierre, en

rejetant en arrière , selon son habitude ,
sa riche et belle chevelure.

— Impossible, mon ami.

— J'en suis fâché. Si j'avais pu prévoir
votre détermination , je ne me serais pas
engagé....

— A quoi vous êtes-vous engagé ? in-
terrompis-je.

— Vous savez que je me suis amusé
dans mes loisirs aux colonies à jeter sur
le papier quelques idées. J'ai enchâssé
quelques-unes de ces pensées dans un
petit ouvrage dont je vous ai déjà lu plusieurs fragments.

— L'histoire de deux jeunes créoles ?

— Précisément. M. de Marmontel me
persécute depuis longtemps pour me
faire lire, chez madame d'Houdetot, cet
ouvrage qu'il a la bonté de trouver inté-
ressant. J'ai fini par céder à ses sollicitations, et demain est le jour désigné pour

la lecture. Mais du moment où vous ne voulez pas venir à Sannois, je ne me soucie pas non plus d'y aller. Je vais tâcher de trouver dans ma tête un moyen honnête pour retirer ma parole.

— Gardez-vous en bien, mon ami ; ce peu de condescendance aux désirs d'une femme si justement placée à la tête de nos beaux esprits, pourrait un jour vous coûter cher.

— Que m'importe ?

— Que vous importe ? Mais ignorez-vous donc que dans la carrière des lettres, comme dans celle du Barreau, comme dans celle des armes, les premiers pas sont ceux qui décident de la vie entière.

— Je ne le sais que trop.

— Allez donc à Sannois.

— Y viendrez-vous ? fit-il avec un de ces sourires malicieux qui donnaient à sa

belle physionomie une expression si pi-
quante.

— Eh bien ! oui, j'irai ; mais je n'y
passerai pas plus d'un jour, je vous en
avertis.

— Pas plus d'un jour, c'est convenu.
Je partirai et je reviendrai avec vous.

Nous allâmes à Sannois.

Mme d'Houdetot nous fit une de ces
réceptions qui ne s'oublient pas. M. de
Saint-Lambert faisait avec elle les honneurs du petit château de Sannois, avec
un tact, une convenance, une dignité ad-
mirables. Marmontel a parfaitement ap-
précié cette douce et noble hospitalité en
disant :

« Jamais deux esprits et deux âmes
n'ont formé un plus parfait accord de
sentiments et de pensées; aimable em-
pressement à bien recevoir leurs amis,
politesse libre, aisée, attention d'un goût

exquis venant du cœur allant au cœur et qui n'est bien connue que des âmes sensibles. »

Après une journée passée dans les plaisirs de la promenade, de la chasse et de la pêche, on se réunit le soir dans le salon du château.

Bernardin de Saint-Pierre , vivement ému , s'assit entre Mme d'Houdetot et M. de Saint-Lambert , et commença sa lecture qui fut écoutée dans un solennel et religieux silence. Mais quand l'auteur fut arrivé aux vingt dernières lignes de son manuscrit , quand il dit de cette voix grave et vibrante qui allait au cœur, ces mots touchants :

« Jeunes gens si tendrement unis ! mères infortunées ! chère famille ! ces bois qui vous donnaient leurs ombrages, ces fontaines qui coulaient pour vous, ces coteaux où vous reposiez ensemble , déplorent encore votre perte. Nul, depuis vous, n'a osé cultiver cette terre désolée, ni relever ces humbles cabanes. Vos chèvres sont devenues sauvages, vos vergers sont détruits, vos oiseaux sont enfuis , et on n'entend plus que les cris des éperviers qui volent en rond au haut de. ce bassin de rochers. Pour moi, depuis que je ne vous vois plus , je suis comme un ami qui n'a plus d'amis, comme un père qui a perdu ses enfants, comme un voyageur qui erre sur la terre où je suis resté seul. »

Les pleurs qu'on avait eu tant de peine à contenir s'échappèrent alors de tous les yeux, et furent les seuls éloges qu'on adressa pour le moment à l'auteur. Ce triomphe, aussi pur que l'ouvrage même; ce succès, obtenu devant des juges difficiles et qui, presque tous, avaient le droit de l'être, révéla à Bernardin de Saint-

Pierre le secret de son talent qu'il avait méconnu jusqu'alors.

— Vous venez de me faire verser bien des larmes , lui dit M^{mo} d'Houdetot, mais je ne vous en veux pas : elles sont douces et consolantes.

M. de Saint-Lambert, qui ressemblait beaucoup à Fontenelle et aux philosophes stoïciens, embrassa Bernardin, en lui disant :

— Vous venez de me faire pleurer ; votre Virginie a eu plus de pouvoir que Mérope, que Zaïre. Je me garderais bien de l'avouer à M. de Voltaire.

— J'allais vous en prier, répondit spirituellement Saint-Pierre.

Nous reprîmes, Saint-Pierre et moi, le lendemain, la route de Paris.

— Eh bien ! me disait l'auteur de Paul et Virginie, êtes-vous fâché d'être venu à Sannois ?

— Non, mon ami, lui répondis-je, et j'avoue que je me serais reproché toute ma vie de n'avoir point assisté à votre première victoire.

— Les trophées de ce que vous voulez bien appeler une victoire, répartit Bernardin, avec un sourire plein d'amertume, se feront long-temps attendre encore !

Et il eut raison.

Le Barreau de Paris était plus brillant en 1775 qu'il n'avait jamais été. Gerbier, Boucher d'Argis, Douët d'Arcq, de la Laure, Elie de Beaumont, Legouvé et vingt autres luttaient dans les grands jours du Parlement, d'éloquence, de lumières et de sciences. Ces orateurs trouvaient dans le Parquet des rivaux et des émules: les avocats-généraux Séguier, d'Aguesseau de Fresnes, Joly de Fleury, Hérault de Séchelles et Dambray soutenaient avec

succès la gloire acquise par leurs devanciers. Enfin, tandis que des athlètes jeunes, vigoureux , ardents , se disputaient
chaque jour dans l'arène parlementaire
les palmes du savoir et de la parole , le
patient avocat , Le Camus d'Houlouve ,
composait son *Traité des Intérêts* ; l'infatigable et judicieux Jousse, son *Traité de
l'Administration de la Justice*, et Henrion
de Pansay, le savant Henrion de Pansay,
publiait ses *Dissertations Féodales*, qui faisaient suite au traité des fiefs de Dumoulin qu'il avait analysé et conféré avec les
autres feudistes, l'année précédente.

Le mouvement, et un mouvement merveilleux était imprimé à toutes choses.
Les arts, les sciences et les lois marchaient
à grands pas vers une époque de régénération, qu'on se dépêchait d'atteindre.

XI.

La bibliothèque de l'Ordre des Avocats.— Le protégé
du cardinal de Bernis. — Une soirée chez Cazotte.
— Une Orange de mille louis.

L'Ordre des avocats ne possédait point
encore au commencement du dix-huitième siècle de bibliothèque, lorsqu'un célèbre avocat du temps, M. de Riparfond,
voulut remplir cette lacune. Il offrit au
conseil une somme de six mille écus, et

cet argent fut immédiatement employé à l'achat d'ouvrages d'histoire, de jurisprudence et de morale.

En 1715, M. Gilbert des Voisins, chancelier de France, augmenta l'importance de cette collection en accordant à la bibliothèque de l'Ordre, un exemplaire de tous les livres qui s'imprimaient avec privilège du roi.

Les dons particuliers vinrent en aide à la munificence de M. de Riparfond et à la sollicitude éclairée du chancelier, et bientôt la bibliothèque des avocats fut considérée comme l'un des dépôts les plus précieux de la capitale (1).

Le généreux M. de Riparfond illustra

(1) La bibliothèque des avocats subit pendant la révolution la destinée de l'Ordre. Elle fut abolie et les ouvrages qui la composaient dispersés dans les dépôts du gouvernement. Elle existait depuis quatre-vingt-deux ans dans les salles supérieures du palais archiépiscopal.

son bâtonnat par une institution utile. Il proposa au conseil de l'Ordre de donner gratuitement tous les vendredis de chaque semaine, des consultations aux pauvres plaideurs. Cette mesure fut adoptée par acclamation, et dès l'année 1709, trois avocats à tour de rôle s'installaient dans l'une des salles de la bibliothèque, une fois par semaine, et donnaient oralement et par écrit leur avis sur les affaires qu'on soumettait à leur sagesse et à leur expérience. Et qu'on ne croie pas que ces fonctions étaient exclusivement départies aux novices du Barreau ; les avocats les plus en renom et les plus occupés se faisaient un honneur et un devoir de payer cette dette de bienfaisance et de charité, *toute affaire cessante.* J'ai vu maintes fois MM. Gerbier, Legouvé, Loyseau de Mauléon demander des remises et de nouvelles inscriptions de rôles, pour remplir ces fonctions gratuites qu'ils regardaient avec raison comme saintes et vénérables.

La bibliothèque de l'Ordre s'enrichit encore, en 1776, de plus de six cents volumes, que lui légua M. Gruard de Voisgny, ancien avocat et conseiller au Châtelet. Ces ouvrages étaient presque tous des livres de jurisprudence; mais, dans le nombre, on remarquait cependant de précieux monuments de notre littérature primitive : les *Grandes Chroniques de France*, depuis les Troyens jusqu'à la mort de Charles VI; le *Valerius Maximus*, translaté de latin en français, par maître Simon de Hesdin; le *Miroir de la Vie humaine*, par Rodrigue, évêque de Zamora; le livre de *Sapience*, traduit du latin de Guy de Roy, par un religieux de Cluny; la *Somme rurale*, de Jean Bouteilhier; enfin, la *Légende dorée*, de Jacques de Voragine, faisaient partie de ce legs (1). Le testateur, par une clause de sa donation, exigeait que, chaque année, l'Ordre des avocats fît célébrer une messe pour le repos de son âme, en l'église de Saint-Méry, sa paroisse :

« Je laisse, ajoutait-il, en ma bibliothèque, les fonds destinés à cette œuvre de piété. »

Le Conseil de l'Ordre s'était empressé

(1) La *Légende dorée* a été appelée, par les philosophes du dix-huitième siècle, la *Légende de fer*, à cause des absurdités miraculeuses qu'elle contient ; mais ces messieurs se sont trompés dans l'appréciation de cet ouvrage. Jacques de Voragine n'a fait et n'a voulu faire en effet que des paraboles dont le sens est facile à saisir ; nous en citerons pour exemple ce fragment tiré de la vie de saint Macaire :

« Saint Macaire pria pour le diable à ce qu'il fust en Paradis. Notre Seigneur ouit sa prière et lui envoya un ange, lequel lui dit : si lui vouloit dire un verset du *Miserere*, lequel se commence ainsi : « Quoniam iniquitatem meam ego cognosco, et peccatum meum contra me est semper », qu'il iroit en Paradis. Saint Macaire vint au diable et lui dit que s'il vouloit confesser et dire ce verset chacun jour, qu'il iroit en Paradis. Le diable dit qu'il n'en feroit rien, et que oncd'obtempérer au vœu du testateur, sans trop approfondir le sens de cette phrase, lorsque, en rangeant et feuilletant un vieil exemplaire des *Pandectes*, le biblio-thécaire s'aperçut qu'on avait intercallé entre deux feuillets du livre une liasse de papiers; il en prit aussitôt connaissance, et reconnut que ces papiers étaient des

ques ne pécha. Ainsi le diable ne fust point en Paradis. Adonc l'ange dit à saint Macaire que jamais ne priast pour créature qui fust damnée en enfer, ni pour ceux qui sont obstinés en leur mal, lesquels ne veulent pas pardonner.»

Qui ne voit dans ce récit que l'auteur a voulu para-phraser les paroles de saint Jérôme : *Errare huma-num est, perseverare diabolicum ?* Qui serait assez injuste pour refuser à ces histoires appropriées aux mœurs, aux croyances, aux faiblesses du temps où elles ont été écrites, toute la finesse de l'allégorie et souvent tout le sel de la satire ?

Au surplus, deux hommes célèbres ont usé, en les em-bellissant, de ces quelques lignes que nous venons de citer de Voragine : le père Bridaine, dans son beau sermon de la charité, et Me Gerbier dans sa célèbre plaidoirie de l'affaire Desfiltières. Des emprunts faits par de tels hommes défendent suffisamment un au-teur.

inscriptions de rentes de l'Hôtel-de-Ville,
pour une somme de dix-huit mille livres.
Le Conseil de l'Ordre s'assembla, et,
malgré la clause du testament expliquée
par cette trouvaille, on résolut de restituer aux héritiers de M. Gruard cet argent. Les héritiers, au nombre desquels
était M. de Saint-Yon, ami de Voltaire,
refusèrent absolument de le prendre, et
s'en rapportèrent à la prud'hommie du
Conseil pour en faire le placement, selon
la volonté du défunt. Le bâtonnier, après
délibérations, remit neuf mille livres à la
fabrique de Saint-Méry pour la fondation
à perpétuité de la messe commémorative,
et fit distribuer les neuf mille livres res-
tant aux pauvres des diverses paroisses de
Paris.

À peu près dans le même temps, vers
le milieu de l'année 1776, je vis venir
chez moi un homme jeune encore que, à

son langage, je reconnus pour Romain,
et qu'à sa toilette je supposai être comédien. Il me remit une lettre de M. le
cardinal de Bernis.

« Si vous n'aviez pas habité Rome,
monsieur, me disait le cardinal, je ne
m'aviserais pas de recommander à vos
bons soins et à votre obligeance le seigneur
Pantaloni, et la crainte de vous scanda-
liser m'enlèverait le plaisir de vous faire
faire une bonne action ; mais vous savez
qu'ici les princes de l'Eglise et les prélats
ne se font pas scrupule de hanter les spectacles, et bien que, pour mon compte,
je ne participe point à ces sortes de délassements, je ne crois pas devoir refuser
l'appui de mes recommandations à un
artiste malheureux qui a, selon le dire de
plusieurs, un talent véritable, et dont la
conduite a été jusqu'à présent exempte
de reproches. »

Le cardinal, après quelques détails sur l'affaire qui amenait à Paris le seigneur Pantaloni, m'avertissait que son protégé était porteur de trois lettres de créance pour M. le comte de Maurepas, pour M. de Saint-Florentin et pour le premier gentilhomme de la Chambre du roi.

— Votre intention, dis-je à mon hôte, est-elle de postuler un emploi dans la troupe italienne?

— Hélas! monsieur, je le voudrais bien, répondit le bouffe en poussant un gros soupir; mais je crois que j'aurai de grands obstacles à surmonter. Mon nom est un épouvantail pour tous ces gens-là.

— Votre nom? lui dis-je.

— Pantaloni! Pantaloni (1)! répartit

(1) Le personnage connu sous le nom de Pantalon, dans les farces italiennes du dix-septième siècle, était un homme de talent, de bonne mine et d'esprit. Dans une brochure intitulée la *Voix publique au Roi*, im-

le bouffe en élevant la main droite au-
dessus de sa tête et en accompagnant ce

primée en 1624, on lit ce qui suit : « Pantalon , de la
Comédie-Italienne , étant allé, il y a quatre mois, trouver le surintendant (marquis de la Vieuville) pour lui
faire signer une ordonnance de quelque somme que
Votre Majesté avait donnée à sa troupe, dès que le
marquis le vit entrer dans sa chambre, il se mit soudain
et sans dire gare, à faire mille pantalonnades. Le seigneur Pantalon , tout au rebours, se met sur sa bonne
mine, et s'approchant de la Vieuville avec un pas plein
de gravité, il lui dit : Seigneur marquis, Votre illustrissime Seigneurie vient de jouer mon rôle ; je la supplie
maintenant de jouer le sien , en signant mon ordonnance. »

Il n'est pas inutile de remarquer que l'ignoble vêtement qui déshonore aujourd'hui le costume du prêtre
dans le sanctuaire, la toge du juge et de l'avocat dans
le temple des lois , le *pantalon* enfin , puisqu'il faut
le nommer par son nom, faisait partie de l'habillement du seigneur Pantaloni, dont il tire son origine.
Ainsi les hommes les plus graves et qui devraient être
les plus vénérés par l'auguste utilité de leurs fonctions
aiment à se vêtir aujourd'hui comme un histrion du
dix-septième siècle , et encore cet histrion se gardait-il
bien, quand il se présentait chez le marquis de la
Vieuville , de porter la burlesque livrée de son rôle.
S'il faut en croire une tradition romaine, cette forme
de haut-de-chausses fut inventée par Lucrèce Borgia ,
et elle fit adopter cette mode à ses pages. L'inventrice
est digne du vêtement.

geste d'une grimace vaniteuse. Depuis
cent soixante ans, le nom de mon bisaïeul,
de mon aïeul et de mon père, est connu
à Paris. Le grand cardinal de Richelieu
vivait avec mon aïeul comme Sylla avec
Roscius ! Louis XIII et Louis XIV...

— Et vous prétendez, dis-je, en in-
terrompant mon Romain, qu'il vous est
dû deux mille écus à peu près sur le
traitement qui était alloué par le roi à
votre grand-père ?

— Oui, monsieur, oui, et voici com-
ment cela s'est fait. En 1696, mon grand-
père obtint du premier gentilhomme de
la Chambre, la permission de s'absenter
pendant six mois. Durant son absence,
les Italiens qui faisaient tout de travers
quand Pantaloni n'était plus là, jouèrent
une pièce intitulée : la *Fausse Prude*.
Mme de Maintenon, la maîtresse du roi,
crut qu'on la désignait sous ce titre,

et la disgrâce des comédiens fut résolue.

Au mois de mai 1697, un ordre du roi
fit fermer leur théâtre , les scellés furent
apposés sur toutes les portes , et des soldats campés autour de là salle. Les comédiens allèrent trouver le roi et le sup-
plièrent de suspendre les actes d'une sé-
vérité qu'ils n'avaient point méritée, mais
Louis XIV demeura inflexible et leur jeta
à la face ces dures paroles :

« Vous ne devez pas vous plaindre de
ce que le cardinal Mazarin vous a fait
quitter votre pays; vous êtes venus en
France à pied , vous y avez gagné assez de
bien pour vous en retourner en carosse. »

— Effectivement , s'il faut s'en rapporter aux mémoires de Dangeau, Dominique, l'arlequin de la Comédie-Italienne,
a laissé plus de 300,000 livres de biens.

— La troupe entière quitta Paris, bien

confuse, bien désolée, car les artistes
aiment mieux la France pour les honneurs
qu'on y reçoit que pour l'argent qu'on
y récolte.

— Mais à la mort de Louis XIV, Philippe d'Orléans, régent de France, rappela les Italiens à Paris?

— Oui, monsieur, mais mon aïeul qui
se trouvait bien au milieu de sa famille,
qui d'ailleurs avait amassé une petite fortune, ne jugea pas à propos de revenir
en France. Mon père y vint, il y a environ
cinquante ans; mais il avait de gros ap-
pointements, il était heureux : il ne
pensa point ou ne voulut pas adresser de
réclamations aux ministres. Comme je
suis ruiné, moi, monsieur; comme je
suis chef, tout jeune que je suis encore,
d'une nombreuse famille, je viens implorer la justice et la loyauté du roi de
France.

— Signor Pantaloni, lui dis-je, votre démarche est fort naturelle et fort louable. Elle ne sera pas, j'aime à le croire, tout à fait infructueuse, mais malgré l'intervention puissante de M. de Maurepas et de M. de Saint-Florentin, malgré les soins que je mettrai moi-même à la réalisation de vos espérances, des délais, des longueurs sont inévitables.

— Eh bien, monsieur, j'attendrai, répondit le Romain.

— La vie de Paris est rude à un étranger peu favorisé de la fortune.

— Je m'engagerai aux Italiens.

— Vous disiez tout-à-l'heure qu'ils vous repousseraient.

— Ils ne me refuseront pas, ils ne refuseront pas à un compatriote d'être leur moucheur de chandelles.

Cette résignation d'un homme dont j'avais entendu vanter le talent, me fit plaisir.

Je lui pris la main.

— M. le cardinal de Bernis vous a recommandé à moi, lui dis-je, et c'est à moi seul que vous devez avoir recours si vous avez quelques besoins. Parlez-moi, sans détour, et songez que vous me désobligeriez en agissant autrement.

— Je suis arrivé à Paris avec cinquante louis, répartit le bouffe, et j'ai l'espoir qu'ils me suffiront. Malgré cela, monsieur, agréez l'expression de ma gratitude. Et puis, ajouta-t-il en souriant, j'ai quelques autres talents encore que je pourrais mettre à profit : je suis un peu architecte, je suis un peu sculpteur, je suis un peu peintre et je suis un peu grammairien.

Le Romain disait vrai. Il maniait le ciseau, la plume et le pinceau, avec une perfection admirable, et, quelques jours après, je vis chez M. le comte de Maurepas, à Chanteloup, des preuves incontestables de l'universalité de ses talents. Il n'eut heureusement pas besoin de s'en servir pour vivre , et j'eus le plaisir de le renvoyer à Rome auprès de M. de Bernis avec ses deux mille écus et la promesse d'un engagement pour la troupe italienne de Paris.

Comme je racontais un soir chez M. Cazotte, les aventures du petit-fils de Pantalon , il me dit en me prenant le bras :

— Connaissez-vous cet homme ?

— Pas autrement que depuis huit jours.

— Méfiez-vous en alors , c'est un monstre.

— Voilà une sentence bien hardiment et bien vivement prononcée ! Les preuves à l'appui ?

— Cet homme a été initié, à Ravenne, à la pieuse, sainte et céleste doctrine de

Martinès. Après son initiation, il a dé-
voilé, dans une brochure qui se vend pu-
bliquement en Italie, les mythes, les sym-
boles et les mystères de cette croyance,
qui est belle et grande, croyez-le, car
elle a pris l'Evangile pour base et pour
pivot.

Je m'aperçus tout aussitôt que M. Cazotte s'était enrôlé dans la secte des *illu-
minés*, dont Martinès était le chef et le
grand-prêtre, et qui commençait à se
frayer une route arcane au milieu de
cette vieille société française, qui s'en
allait brisée par les vices et la décrépi-
tude.

— Je ne suppose pas que le seigneur
Pantaloni, répondis-je, ait jamais été
disciple ou adepte de Martinès. Au surplus, j'attendrai qu'il soit heureux pour
m'éclaircir du fait dont vous venez de
m'entretenir. S'il est auteur de la bro-

chure révélatrice, je le regarde comme un imprudent et un hypocrite ; et, bien qu'étranger par réflexion et par instinct à toutes ces rêveries religieuses et mystiques, je blâme ceux qui, après les avoir accueillies, les ridiculisent ou les calomnient. Mais, encore une fois, j'attendrai, pour connaître la vérité, que l'affaire du sieur Pantaloni soit terminée ; il ne me convient pas de trouver des torts à un infortuné.

— Ah ! monsieur ! monsieur ! exclama Cazotte, quelle leçon vous venez de me donner ! Oui, oui, vous avez raison, rendons service d'abord, examinons ensuite les actions, si cela peut nous guider dans les voies de la vérité.

J'allais risquer quelques observations sur le martinisme à M. Cazotte, lorsque Linguet entra.

Il venait d'apprendre sa radiation du

tableau des avocats, et il était encore sous l'influence de la colère que cette mesure avait allumée dans son âme, quand nous nous levâmes pour aller au-devant de lui.

— Bon soir ! bon soir ! messieurs ; eh bien ! vous savez la nouvelle ! la grande nouvelle ! répéta-t-il en serrant les dents : *ils* m'ont rayé du tableau ; ils m'arrachent de la main le pain et la plume. Envieux, lâches, jaloux, voilà les épithètes que méritent ces hommes qui marchent à la tête du Barreau de Paris. Si j'avais été vil, rampant, obséquieux, ils m'auraient encouragé, soutenu, prôné. Ils ont remarqué en moi de la fierté, du talent, de l'amour de la gloire, plus que tout cela, du mépris pour leurs basses intrigues, pour leurs manœuvres infâmes ; ils ont dit :

« Tu périras !... »

Eh bien ! non ! je ne périrai pas ! je vivrai ! Camoëns, submergé , sauvait de la fureur des flots son manuscrit, son poëme , son titre de grand génie et de grand homme !.... Moi , je sauverai ma plume, oui, ma plume !.... Elle deviendra pour eux, non la lance d'Achille, car elle ne guérira pas les blessures qu'elle aura faites, mais un stylet, mais un poignard empoisonné qui les précipitera dans la fange d'où ils ont été tirés. Ah ! persécuteurs ! ah ! fanatiques ! Vous croyez me terrasser ! Me prenez-vous donc pour un pygmée ! suis-je un adversaire ordinaire ! Vous succomberez tous ! oui, tous ! et vous sentirez, à la promptitude, à la violence, à la force de mes coups , ce que pèse la haine d'un homme tel que moi !

Il serait difficile de décrire le paroxisme de fureur auquel Linguet était en proie.

Il nous effraya tous. Et sa physionomie, prodigieusement rouge et sa voix aigre et chevrotante, et ses gestes précipités, formaient un ensemble si extraordinaire, que le peintre Greuze, qui assistait à cette soirée, retraça de mémoire, quelques années après, cette scène avec une parfaite vérité, tant elle avait fait d'impression sur son cerveau.

Nous nous efforçâmes de le calmer et nous n'y parvînmes qu'avec peine, encore Cazotte eut-il plus que nous la gloire d'en venir à bout.

— Je pars, nous dit Linguet, pour l'Angleterre; j'y resterai un an, deux ans, toute ma vie peut-être.... Toute ma vie, non..... mes ennemis seraient trop heureux..... Mais j'ai là, dit-il en se frappant le front, des idées en germe qui ont besoin pour mûrir du soleil de la liberté.

— Si vous avez besoin de soleil pour

faire mûrir vos idées , dit Chamfort , je ne vous conseille pas d'aller en Angleterre. Si on *panse* quelque chose en ce pays-là, ce sont les chevaux.

Cette mauvaise plaisanterie contribua à ramener la bonne humeur de Linguet et à rasséréner les fronts de l'auditoire qui s'étaient assombris à l'entrée de l'avocat.

Cazotte , toujours prêt à partager sa bourse avec ses amis , s'approcha de lui :

— Avez-vous au moins de quoi faire votre voyage ; la vie est chère, dit-on , à Londres, j'ai ici trois mille livres, en désirez-vous la moitié ou les deux tiers ?

— Mais , mon ami , me croyez-vous donc un dissipateur ; j'ai encore l'orange tout entière.

— Eh quoi ! votre orange est intacte ?

— Intacte , répéta Linguet.

— Alors je baisse pavillon et je m'incline devant votre prévoyance.

Voici quelle était cette orange :

Linguet défendit le duc d'Aiguillon dans le fameux procès que ce seigneur eut à soutenir contre l'intrépide La Chalotais.

L'adresse, les merveilleuses formes de langage, les prudentes réticences de l'avocat, atténuèrent tout ce que la cause du grand seigneur pouvait avoir de ridicule, de sordide, de honteux. Le duc d'Aiguillon avait tous les vices des grands seigneurs, mais il en avait aussi toutes les qualités.

Il fut reconnaissant et splendide dans sa reconnaissance.

A un dîner qu'il offrit à son défenseur, il remarqua que Linguet aimait avec passion les oranges. Le lendemain, il lui en-

voyait un de ces fruits sur un plat de ver-
meil.

Linguet trouva dans l'orange un man-
dat de mille louis sur le trésor.

XII.

Le Juif Balthazard Zurigos. — Son projet. — Le château de Bicêtre. — Madame Dubarry. — Prophétie
d'un Avocat. — Les arrêts d'amour de Martial
d'Auvergne.

A mesure que les croyances religieuses
se perdaient, grâce aux efforts de la philosophie, dans la société française du
XVIIIe siècle, une crédulité sans exemple dans l'histoire des peuples civilisés
faisait de rapides progrès. Les rêveries
mystiques de Martinez, les doctrines ab-

surdes de Mesmer, les jongleries de Cagliostro, trouvaient des admirateurs, des adeptes et des dupes. Il semblait que cette société, dont l'esprit philosophique avait miné les bases, avait flétri l'existence, voulût se dédommager de la perte de sa foi, de ses convictions, de ses espérances, en se réfugiant dans le vague domaine de l'imagination. Les charlatans de toute espèce profitèrent de cette tendance générale des esprits, et à compter de la dernière moitié du XVIIIe siècle, la France devint la terre promise, l'Eldorado d'une cohue d'intrigants qui y affluaient de toutes les parties de l'Europe.

En 1776, un juif portugais, nommé Balthazard Zurigos, vint à Paris ; il arrivait d'Angleterre, où il s'était acquis de puissants protecteurs, et se montrait dans les salons de Paris, où l'anglomanie commençait à régner environnée de toute la superbe importance que donnent dans notre pays le titre d'étranger , la réputation d'homme riche et la qualité de philosophe.

Un faquin entouré de cette triple auréole pouvait espérer faire un chemin rapide : Zurigos fit le sien , et quelques mois après son arrivée., toutes les trompettes de la renommée sonnaient en son honneur , et proclamaient la justesse de son esprit, la hauteur de ses vues et l'ardeur infatigable de sa philanthropie.

Le juif Zurigos était ce qu'on appelle un homme à projets. Doué d'une grande facilité d'élocution, persuasif, insinuant, ne se laissant rebuter ni par les froideurs d'un grand , ni par les railleries d'un sot, il possédait le talent de colorer les projets les plus gigantesques du vernis de la possibilité. Je citerai un de ces projets, à cause de son originalité d'abord , puis parce qu'il eut un commencement d'exé-cution.

Zurigos, à la tête d'une compagnie for-mée de capitalistes français, anglais et portugais, prétendait acheter le château de Bicêtre !

Ce château, bâti vers 1204 sur l'empla-cement d'une grange appelée la Grange-aux-Queux (cuisiniers), par Jean, évêque de Wincester (dont on a fait Vichestre et Bicêtre), en Angleterre, fut confisqué en 1294 par Philippe-le-Bel, qui le réunit aux domaines de la couronne. Charles VI l'habita et donna des lettres-patentes da-tées de ce lieu en 1381 et 1409. Les guer-res civiles du XVᵉ siècle le ruinèrent, et il était déjà dans un déplorable état lorsque le duc de Berry (1) le donna avec ses dé-

(1) Le château de Bicêtre est célèbre dans l'histoire de nos troubles civils. Les ducs de Berry et d'Orléans s'y retirèrent pour se liguer contre le duc de Bourgo-

pendances au chapitre de Notre-Dame de Paris, qui ne fit rien pour le rétablir. Les chanoines en avaient fait une espèce d'hôpital, où ils envoyaient leurs domestiques et les pauvres pélerins qui n'avaient point d'asile. En 1632, Louis XIII acheta cette propriété, y fit construire, dans l'emplacement du château, une chapelle de Saint-Jean et des bâtiments pour y loger des officiers et des soldats invalides, et érigea cet établissement en commanderie de Saint-Louis. La création de l'hôtel des Invalides, sous Louis XIV, rendit inutile l'institution de Louis XIII. Dès-lors Bicêtre fut consacré à recevoir des infirmes, des pauvres et des jeunes gens débauchés.

gne, et on y négocia une paix nommée la paix de Wincester. Ce traité ayant été violé, on nomma cette violation la trahison de Wincester.

Un poète du siècle de Louis XIV parle ainsi de Bicêtre dáns une satyre :

> Auguste château de Bicêtre ,
> Les lutins et les loups-garoux
> Reviennent-ils toujours chez vous
> Faire de nuit leurs diableries?
> Et les sorciers de suif graissés
> N'y trainent-ils plus les voiries
> Des pendus et des trépassés ?
> Ils n'ont garde, les pauvres diables ,
> D'y venir remettre leur nez
> Depuis que vous emprisonnez
> Les *quaïmans* et les misérables ,
> Depuis qu'on vous nomme hôpital ,
> Il n'en est pas d'assez brutal ,
> Pour aller y choisir un gite.

C'était à ce château si célèbre par la joie de ses festins , par le faste de ses dehors, aux XIIIe et XIVe siècles , si lugubrement renommé par les douleurs , par les vices auxquels il donnait asile depuis le XVIe siècle , que Zurigos voulait donner une nouvelle existence. Le château de Bicêtre, rebâti de fond en comble, devait être transformé en immense bazar,

où toutes les productions du monde seraient rassemblées. Les riches tapis de
Médine, d'Alep, d'Ispahan; les parfums
de l'Arabie, les ivoires, les ébènes de
l'Inde; les mousselines de Bagdad, les
soieries de Surate, élégamment disposées
sous de splendides galeries, auraient offert aux habitants de la capitale un spectacle aussi nouveau que singulier. Sous
un vaste dôme qui se serait élevé au milieu des quatre aîles du château projeté,
on aurait installé un musée perpétuel, où
les artistes de toutes les écoles et de tous
les pays auraient pu exposer le fruit de
leurs travaux. Tel était, en raccourci le
programme de Zurigos (1).

Le Portugais avait communiqué son
projet aux ministres. Pour remplacer Bi-

(1) Le projet de Zurigos a sans doute donné l'idée
à Philippe d'Orléans-Egalité, de son Palais-Royal, qui
fut élevé quelques années après.

cêtre comme hôpital, il avait promis de
faire construire dans une île de la Seine
(l'île des Cygnes) au couchant de Paris,
un édifice capable de contenir trois mille
personnes. Les dépenses occasionnées par
l'achat du château de Bicêtre et ses dé-
pendances, par la reconstruction de ce
château et de l'hôpital promis, s'élevaient
à la somme énorme de vingt-trois millions. Zurigos créa une espèce de tontine,
et en moins de six semaines il se trouva
à la tête de onze millions !

Le rusé juif, pour augmenter la confiance de ses dupes et pour exciter la curiosité publique, fit répandre dans le
monde que des documents tirés de la
Tour de Londres et qu'il avait entre les
mains prouvaient jusqu'à l'évidence que
l'évêque de Wincester avait fait enfouir
dans les souterrains de son château une
somme considérable, et que cette somme

vainement cherchée par les propriétaires
successifs de Bicêtre se retrouverait im-
manquablement lors de la démolition de
l'édifice.

Un grand nombre de personnes se laissèrent prendre aux belles promesses du
juif. Mme Dubarry, la dernière favorite de
Louis XV, lui confia cinquante mille écus;
des princes, des ducs et pairs, des fer-
miers généraux s'intéressèrent pour des
sommes considérables dans cette folle
entreprise. Un moment on crut au succès.
Mais le Parlement et le grand Conseil s'é-
tant formellement opposés à l'émission
d'un papier-monnaie que Zurigos, à
l'instar de Law, voulait mettre en circu-
lation pour favoriser son entreprise, toutes les espérances s'évanouirent et on
apprit un beau matin que le juif édifica-
teur, que l'homme à projets, s'était em-
barqué secrètement pour la Nouvelle-

Espagne, emportant avec lui une somme qui dépassait huit millions.

La consternation fut grande parmi les nombreuses dupes du Portugais.

Le Parlement commença l'instruction de l'affaire et plusieurs avocats publièrent des mémoires dans l'intérêt des particuliers lésés. Dans un de ces mémoires, signé par le savant Clément de Malleran, avocat au Parlement, on remarque les paroles suivantes, qui trouveront un jour peut-être une rigoureuse application.

« Les Israélites ne marchent à la conquête de leurs droits civiques que pour arriver au complet asservissement des peuples. Ils commenceront par être citoyens, ils deviendront dominateurs, ils finiront par être tyrans. Le temps viendra où ils tiendront dans leurs mains les clés des arsenaux, où ils renverseront à leur gré le crédit, la prospérité, les finances des nations. Les princes chrétiens seront traités par eux comme les Pharaons d'Egypte, et les armées qui entourent leurs trônes, ne les empêcheront pas de choir, car l'or, ce dissolvant suprême, sera entre les mains de leurs ennemis. Je le dis à regret, mais la persécution comme au temps de Philippe-Auguste et de Philippe-le-Bel, la persécution sera peut-être le seul remède que les rois et les peuples pourront mettre en œuvre pour ressaisir leur puissance, leur nationalité et leur indépendance. »

L'enquête ordonnée par le Parlement fut presque aussitôt suspendue. Les principales victimes de la friponnerie de Zurigos, ne se soucièrent pas de mettre le public et les magistrats dans la confidence de leur défaite.

Mme Dubarry, elle-même, fit des démarches auprès du premier président pour étouffer l'affaire.

— Madame, répondit le magistrat, on ne peut arrêter le cours de la justice. Il n'est pas possible d'accepter le désistement que vous voulez donner.

— Mais, monsieur, répartit l'ancienne favorite, je demande cela comme une grâce. Au temps de ma faveur vous vous seriez empressé de me l'accorder.

— Non, madame. Le Parlement, au temps de votre faveur, n'était pas plus disposé qu'aujourd'hui à violer toutes les formes de la procédure. Je suis obligé de vous rappeler qu'il dut votre animadversion, son exil et sa suppression à sa fermeté et à son inexorable justice.

Mme Dubarry baissa les yeux, se pinça les lèvres et n'insista plus. Mais ce que ses sollicitations ne purent faire, le défaut de preuves l'accomplit. L'escroquerie de Zurigos passa presque inaperçue au milieu des événements bien autrement importants qui se pressaient alors dans les hautes régions de la politique.

Trois riches avocats s'étaient laissés séduire par les pompeuses paroles du Portugais, et perdirent 100,000 livres à eux trois. Le conseil de l'Ordre s'assembla, leur fit une semonce, et les engagea pour l'honneur de la toge à ne point se plaindre d'un pareil vol.

— Messieurs, leur dit le bâtonnier, quand on a l'honneur d'être avocat, on ne doit se mêler d'autres choses que d'affaires de Palais. Toute autre occupation est malséante et dangereuse. La leçon vous coûte cher, qu'elle vous profite.

Un savant conseiller au Châtelet, M. Boucher d'Argis, fit l'acquisition, vers cette époque, d'une maison fameuse dans les annales du Palais. Ce logis, situé dans la rue des Fossés-Saint-Victor, avait appartenu à Martial d'Auvergne, auteur des Déclarations, Procédures et Arrêts d'amour, donnés en les Chambres et Parquet de Cupidon, à cause d'aucuns différends entendus sur cette police (1).

L'ouvrage de Martial d'Auvergne n'était, comme on le pense bien, qu'un cadre imaginé pour consigner les formes de la procédure et les principes du droit, et pour les mettre à la portée des gens du monde, en les appliquant à des espèces fictives et galantes.

Martial d'Auvergne était procureur au

(1) M. d'Argenson, en parlant de cet ouvrage dans ses *Mélanges tirés d'une grande Bibliothèque*, regrette qu'il ne s'en donne pas une nouvelle édition, qui, en rajeunissant, dit-il, le vieux langage, serait utile et intéressante pour les jeunes magistrats et les jeunes avocats, puisqu'elle leur présenterait, en assez peu de mots, les différences qu'il y a entre les formes judiciaires du siècle présent et celles du temps de Martial d'Auvergne.

parlement en 1460 ; c'était un de ces hommes *viri notabiles variis scientiarum titulis insigniti, industriosi et experti*, qui honoraient la profession et lui donnaient de la considération.

Martial d'Auvergne mourut en 1508. Nous citerons avec plaisir l'épitaphe qu'on lui fit en 1509, une année après sa mort :

Cy-devant gist en sépulture
Monsieur Martial, d'Auvergne surnomé,
Né de Paris, et fut plein de droiture,
Pour ses vertus, d'un chacun bien aimé.
En Parlement procureur renommé,
Par cinquante ans exerça la pratique.
Avec ses père et mère est inhumé,
Les honorant comme fils catholique ;
Sous Jésus-Christ en bon saint pacifique,
Patiemment il rendit son esprit,
Le treize mai, ce jour-là sans réplique
Qu'on disait lors mille cinq cents et huit.

L'éloge est naïf, les vers sont faibles et prosaïques, mais cette épitaphe doit rester comme un monument précieux de l'époque.

Ce magistrat crut devoir donner à cette occasion une fête où l'on inaugurait en grande pompe , dans la cour principale de la maison, le buste en marbre de Martial d'Auvergne, ce bon Martial d'Auvergne, dont la charité égalait l'esprit, et qui ne passait aucun jour, assure-t-on , sans dire un bon mot et sans faire une bonne action. Cet honnête procureur (dans un temps où tous les procureurs n'étaient pas honnêtes comme aujourd'hui) qui, chaque dimanche , donnait aux nécessiteux, par forme de récréation, d'abondantes aumônes, et vidait volontiers son escarcelle les jours ouvrables , quand il revenait du Palais tout chargé de sacs de procès , dans les tabliers des pauvres femmes , filles ou veuves qu'il rencontrait en son chemin !

M. Boucher d'Argis lut un éloge de Martial d'Auvergne, et Gerbier, dans une improvisation pleine d'éloquence et de sensibilité, paya son noble tribut d'hommage à l'auteur des Édicts d'amour.

J'avais emmené à cette réunion choisie MM. Cazotte et Bernardin de Saint-Pierre.

— Savez-vous, mon ami, me dit Bernardin de Saint-Pierre en me serrant le bras avec force, que ce M. Gerbier est un enchanteur ! Il me parle d'un homme dont je ne connais point la vie, dont je n'ai jamais lu les ouvrages, dont j'ignorais même la réputation circonscrite dans les limites du Palais, et malgré cela il m'arrache des larmes.

— C'est un des secrets du talent de M. Gerbier, répondis-je.

— C'est un talent qu'il n'est pas difficile d'acquérir, interrompit Cazotte, et vous l'avez plus qu'un autre, M. de Saint-Pierre, vous qui avez fait pleurer des cœurs de marbre et de bronze chez madame d'Houdetot en lisant votre *Paul et Virginie.*

Ce compliment à brûle-pourpoint déconcerta Bernardin , il rougit beaucoup et répartit :

— Il est plus facile d'intéresser les hommes sur des malheurs récents , que sur des vertus domestiques évanouies depuis trois siècles.

— Pas toujours , répliqua Cazotte ; ne vous souvient-il plus que M. et Mme Dacier pleuraient à chaudes larmes la mort de Patrocle qu'ils relisaient dans Homère , et restaient sourds aux gémissements d'une vieille servante qui agonisait dans un grenier de leur logis ? Mais puisque nous en sommes sur *Paul et Virginie*, à quand , M. Bernardin , l'impression de votre ouvrage ?

— Oh ! j'ai le temps de me faire critiquer, répondit Bernardin, et je ne me presse pas de polir mon œuvre. Dans cinq ou six ans, je me déciderai peut-être à la publier (1).

— Dans cinq ou six ans ! dit Cazotte; y pensez-vous, mon cher confrère ! mais c'est un tort grave que vous faites au public et à vous-même. Renoncez à cette idée, et donnez-nous au plus vite l'histoire de vos jeunes Créoles. J'y tiens, moi, qui ne l'ai pas entendue.

— Qu'à cela ne tienne, répondit Bernardin, je vais vous la réciter. C'est bien le moins que je fasse pour un homme qui m'a causé tant de plaisir par la lecture de son *Diable amoureux*.

Et Bernardin récita de mémoire son roman, au grand contentement de Cazotte.

(1) Le roman de *Paul et Virginie* ne fut publié en effet qu'en 1781.

Ce récit se faisait dans une allée du Jardin-des-Plantes et au milieu de ces fleurs exotiques dont le peintre des Antilles avait si bien nuancé les couleurs et dessiné les contours. Nous étions, Cazotte et moi, sous le charme de la voix de Bernardin, comme nous avions été, Bernardin et moi, sous le charme de l'organe mâle et puissant de Gerbier.

Quand il eut terminé :

— Je vous assure, dit Cazotte, et je vous affirme, que je donnerais tous les diables amoureux du monde pour avoir composé six pages, six pages seulement de cet ouvrage. Ah ! que de beautés ! que de touchantes descriptions ! que de pieux et nobles sentiments dignement exprimés !

Tout à coup la physionomie de Cazotte se rembrunit, ses yeux devinrent sombres, sa parole brève et saccadée.

Nous étions sortis du Jardin-des-Plantes, et nous nous trouvions en face d'une fontaine que le peuple appelait, de temps immémorial, la Fontaine-du-Diable.

— Regardez bien ce triste monument, nous dit Cazotte en étendant les mains vers cette fontaine, regardez-le bien.

— Eh bien ! qu'y a-t-il ? lui répondis-je, c'est la Fontaine-du-Diable.

— La Fontaine-du-Diable, vous l'avez dit, fit-il, eh bien ! dans cette fontaine ou plutôt dans la tour qui la surmonte, il s'est passé des choses horribles, épouvantables, atroces.

— Racontez-nous donc cela, dit Bernardin en se rapprochant de Cazotte.

— Pas aujourd'hui, répondit Cazotte avec une majestueuse gravité, il est trop tard ; mais dans trois jours !

— Dans trois jours, et pourquoi ?

— Parce qu'il m'est défendu de parler à cette heure.

Puis , et sans nous adresser une parole, Cazotte nous quitta brusquement et disparut dans l'antre ténébreux d'une maison de la rue Copeau.

— Il est fou, dit Bernardin.

— C'est un illuminé, répondis-je.

XIII.

Bernardin de Saint-Pierre n'eut pas de
cesse, les trois jours écoulés, que je ne le
conduisisse chez Cazotte, pour entendre
l'histoire qu'il nous avait promise. J'ac-
quiesçai au désir de mon ami, désir que
je ne manquai pas de qualifier d'enfan-

tillage, et nous nous rendîmes chez Cazotte, qui, sans se faire trop prier, nous
régala du récit suivant, que je donne
pour ce qu'il vaut. L'auteur du *Diable
amoureux* s'exprima ainsi :

Au Xe siècle, Alençon n'était encore
qu'un château ou plutôt une forteresse
entourée de quelques maisons qui étaient
venues s'accroupir à l'ombre de ses hautes
murailles. Au XIe siècle, son importance
augmentait ; au XIIe, au XIIIe, au XIVe
et XVe, ses comtes et ses ducs en avaient
fait une belle et noble ville qui, un jour
sans doute, aurait pu rivaliser avec les
cités les plus florissantes de l'Italie, de
l'Espagne, de l'Angleterre et de la France.

Alençon porte encore au front le cachet de ses splendeurs passées ; ses monuments rayonnent encore de la magnificence et de la noblesse de ses souverains.

Les ruines de son château (car aujour-
d'hui, de ses châteaux et de ses basiliques, il ne reste plus que des ruines),
son église de Notre-Dame, ses collégiales
de Saint-Léonard, de Saint-Joseph,
son Hôtel-de-Ville, ancien palais de la
duchesse de Guise, qui y tint sa cour
au XVII⁰ siècle, et quelques autres monuments, encore debout, mais morcelés
et gâtés par la cupidité bourgeoise ou
l'ignorance de leurs propriétaires, capti-
vent les regards des antiquaires, des archéologues et des artistes, et font aimer
son séjour si calme et si hospitalier.

Le château d'Alençon a inspiré la crédule poésie de nos aïeux, et la tour couronnée de cet antique et glorieux manoir
a fourni le sujet d'une légende qui a
toutes les grâces naïves du moyen-âge et
tout le sombre caractère d'une tradition
florentine, au temps des Guelphes et des

Gibelins : je veux parler de la Dame blanche d'Alençon.

Autrefois, s'il faut en croire les récits de quelques matrones et de quelques patriarches de la ville, on voyait chaque soir errer, sur la vaste plate-forme de la tour couronnée, un fantôme dont le linceul blanc, taché de sang, flottait comme une oriflamme mystérieuse au souffle de la bise. Le spectre, après s'être promené quelque temps sur la galerie gothique, jetait un cri perçant, comme la Mélusine de l'Aquitaine (car toutes les histoires de revenants se ressemblent), et s'évanouissait pour ne plus reparaître que le lendemain aux pâles rayons de la lune. Cette ombre, ce spectre, ce fantôme, était l'âme de Marie Anson, femme d'un châtelain du VIIIe siècle, et dont voici en peu de mots la tragique aventure.

Enguerrand Anson, homme de guerre

renommé, et seigneur du château d'Alençon, fut appelé par Charlemagne au palais des Thermes à Paris, pour y remplir,
en l'absence de Karloman de Sigatrand,
les fonctions de dapifer, charge honorable et importante sous les rois de la
seconde race. Avant d'obéir aux ordres
du roi, Enguerrand, qui aimait passion-
nément sa femme, dont il cachait la
beauté comme un avare cache son or, fit
promettre à sa dame de ne recevoir personne pendant tout le temps qu'il serait
obligé de rester à la cour. La châtelaine,
après s'être engagée par serment à ne
point violer sa promesse, reçut de son
époux un baiser sur le front et un anneau d'or au doigt ; le baiser était pour
l'amour, l'anneau d'or était pour le
pacte.

Enguerrand partit presque heureux,
escorté par vingt-quatre hommes d'armes

de ses plus braves vassaux et de douze
pages vêtus splendidement. A peine était-
il parti , que Hugues de Mouvray , seigneur de Mortagne , qui avait jadis bri-
gué la main de Marie Anson , lui envoya
son aumônier, en la priant de vouloir
bien confier à l'homme de Dieu l'anneau
d'or dont le châtelain lui avait fait don
avant de partir pour la cour de Charlemagne.

— Mon noble maître va se marier ,
ajouta le perfide aumônier, et il désire-
rait offrir à sa fiancée un anneau semblable à celui que vous portez. Confiez-le
lui donc quelques jours, noble dame, et
des orfèvres lombards , qui se trouvent
en ce moment à Mortagne , forgeront un
bijou parfaitement pareil à celui que
votre illustre époux vous a donné.

La trop crédule Marie, après quelques
moments d'hésitation, retira de son doigt

le gage sacré d'une foi solennellement ju-
rée et le remit en tremblant au prêtre.

— Du moins, messire, dit-elle, que
ce bijou ne quitte pas vos mains, je le
confie à votre prud'hommie et à votre
sainteté ; à cet anneau est attaché mon
salut dans cette vie et dans l'autre.

L'hypocrite émissaire du comte de Mortagne promit tout, et se hâta de quitter le
château d'Alençon avec la riche épave de
sa fourberie. Il regagna Mortagne et remit au comte Hugues de Mouvray le ta-
lisman si ardemment désiré.

Le comte fit alors seller son plus beau
destrier, vêtit ses plus riches habits, ap-
pendit sous son cœur sa plus brillante
épée, et prit la route de Paris.

Il arriva au palais des Thermes où
Charlemagne le reçut affectueusement,
car Hugues de Mouvray était un brave et
intrépide chevalier. Le nouvel arrivé est

bien accueilli de tous , et le dapifer lui-
même , Enguerrand , oublie l'ancienne
animosité qu'il portait à son rival et lui
fait , selon l'expression d'Eginhard , un
visage de miel et d'hypocras. L'intimité
devient même si grande au bout de quelques jours , qu'Enguerrand , toujours
plein d'amour pour sa chère châtelaine ,
s'informe auprès du comte de Mortagne
s'il n'a point appris des nouvelles de la
santé de sa femme.

— On assure qu'elle ne voit âme qui
vive, répartit le fourbe, et qu'elle se cache
constamment dans les plus sombres ré-
duits de votre château.

Enguerrand fut satisfait de cette réponse et un rayon de félicité vint illumi-
ner sa face ; mais ce rayon passa comme
un nuage d'azur, car Hugues reprit aussitôt :

— Je vais vous déchirer le cœur, Enguerrand , s'écria-t-il comme poussé par un irrésistible dévouement , mais il le faut , ma franche amitié m'en fait un devoir.

— Parlez , messire Hugues de Mouvray , parlez , interrompit le seigneur d'Alençon en pâlissant de crainte. L'honneur des armes vous en fait aussi une loi.

— Apprenez donc , reprit le perfide ; mais que le coup que je vais porter à votre cœur va être rude ! apprenez que la belle Marie se console en secret de votre absence avec un de vos plus jeunes et plus intimes serviteurs ; apprenez que chaque nuit le couple détestable se livre à toutes les orgies d'une passion effrénée.

— Marie infidèle ! Marie coupable ! murmura sourdement le dapifer.

— Oui , infidèle et coupable , reprit l'astucieux Hugues, impudique et effrontée !..... car ses débordements ne sont plus, malgré les voiles du mystère dont elle cherche à envelopper son intrigue, un secret pour personne. On vous plaint, seigneur, on vous plaint, et elle on l'accable de malédictions !

— On me plaint ! rugit le dapifer en portant la main sur la garde de son épée; on me plaint !... la compassion ! voilà le sentiment que j'inspire à mes vassaux. Mort Dieu ! je ne veux pas !

— Et ce n'est point assez, poursuivit le comte de Mortagne, pour cette luxurieuse, de donner à un autre ses baisers et ses faveurs, ses soupirs et ses serments, elle livre encore à l'abject et pitoyable objet de sa passion les gages les plus saints et les plus sacrés de votre tendresse. Passe encore si elle ne lui abandonnait que votre or.... mais les reliques chères et précieuses de votre foi, sont

jetées aux caprices ou à la cupidité de
cet esclave par cette nouvelle Putiphar.

— Des preuves ! comte, des preuves !
exclama le malheureux Enguerrand en
tremblant de rage.

— Des preuves ? reprit Hugues , des
preuves , dites-vous ? en voilà une irré-
cusable.

Et retirant de la longue escarcelle de
velours, qui pendait à son côté, le joyau
que le prêtre avait emprunté à Marie , il
ajouta d'un ton solennellement empha-
tique :

— Cet anneau, où votre nom est inscrit, a été trouvé, non loin de votre parc,
par moi-même, à ma dernière chasse au
faucon et à la sagette.

Le seigneur d'Alençon prit l'anneau et
le reconnut aussitôt. Il jeta alors un cri
aigu comme celui d'un tigre blessé à
mort, ses yeux flamboyèrent comme des

torches ardentes. Dédaignant de questionner encore le comte de Mortagne sur l'affreux mystère qu'il vient de lui révéler, il cria :

— A moi ! mon page.

Puis s'élançant sur un destrier rapide, il franchit les vastes jardins du palais des Thermes, sans prendre congé du Roi, et galope, silencieux comme un sépulcre, suivi de son page, vers le château d'Alençon.

L'espace est franchi en quelques heures, et minuit sonne à la clepsydre du manoir, quand les coursiers haletants du maître et du page traversent à grand bruit le pont-levis du château d'Alençon.

Les sentinelles en faction sur les tours donnent l'alarme ; la châtelaine, réveillée en sursaut par le son répété du cor et l'aigre cri des crécelles qui annoncent l'arrivée du seigneur, — car Enguerrand s'était bientôt fait reconnaître, — se jeta hors de son lit, et, belle de surprise, d'émotion et de sommeil, de sommeil, cet ennemi de la pudeur, s'avance, les cheveux épars, la bouche souriante, le regard inondé de désir et d'amour, vers l'époux que son cœur idolâtre. Le désordre de la parure de Marie allume encore la jalouse fureur d'Enguerrand ; elle va pour se jeter dans ses bras, il la repousse ; la pauvre femme croit rêver encore :

— Enguerrand, lui dit-elle avec une angélique douceur, est-ce bien vous qui me repoussez ainsi ?

Mais Enguerrand ne sent, ne voit plus rien.

— Votre anneau, s'écria-t-il d'une voix formidable, qui va bruire jusque sur les cuirasses et sous les casques qui ornent la salle où ils se rencontrent.

—'Mon anneau ! s'écrie Marie en jetant un cri d'effroi malgré elle ; ah ! Enguerrand, je vais vous dire....

— Qu'en avez-vous fait ? reprend le châtelain d'une voix plus stridente et plus infernale encore.

— Je vais vous le dire, Enguerrand ; oh ! mais pardonnez-moi d'avoir enfreint vos ordres, un prêtre....

— Impudique misérable ! s'écrie Enguerrand, ne joins pas au crime de luxure le crime de calomnie. Ton anneau, le voilà ! tiens, le reconnais-tu ? fit-il en grinçant les dents à la façon des damnés, dis, le reconnais-tu ?

— Oui, oui, je le reconnais, s'écria la dolente châtelaine, mais, grâce ! grâce ! cette fois, mon seigneur et mon maître, grâce ! je ne le ferai plus ; grâce ! au nom de Dieu, de Notre-Seigneur Jésus-Christ et de Notre-Dame-de-Recouvrance.

— Tu ne le feras plus ! reprit Enguerrand ; oh ! non, tu ne le feras plus ! car
je vais être ton accusateur, ton juge et
ton bourreau ; non, tu ne le feras plus !
car j'y vais mettre ordre en te plongeant
dans l'éternité, toi et tout ce que tu as
porté dans tes flancs impurs.

Et entraîné par son aveugle et barbare
frénésie, Enguerrand se précipite dans la
chambre nuptiale, où, dans un berceau
de bois de cèdre, dormait un pauvre enfant, le fruit de son hymen, de son
amour, l'orgueil de sa vie ; il prend la
frêle et innocente créature par les pieds
et lui brise la tête contre les murailles,
aux yeux de la malheureuse mère, qui
n'a pas eu le temps d'implorer son époux,
d'arrêter le bras de l'assassin ; mais à la
tiède vapeur du sang de son premier né
qui jaillit sur ses vêtements, Marie se ra-
nime ; elle s'efforce d'arracher les lam-

beaux de chair qui palpitent encore sous les mains du meurtrier.

Cette démonstration fait changer d'objet la fureur d'Enguerrand sans l'amoindrir : il enroule à ses mains nerveuses les longues tresses de la blonde chevelure de Marie, l'entraîne ainsi le long des salles, des escaliers, jusqu'à la cour du château, et là, il lie cette riche chevelure parfumée, naguère resplendissante de perles et d'or, à la queue de son cheval. Puis il s'élance sur le coursier, lui enfonce ses éperons dans les flancs avec rage, parcourt au galop tous les sentiers de son parc de six mille arpents, traînant après lui le corps de l'infortunée Marie, qui laisse, à chaque caillou de la route, à chaque buisson du chemin, une part de sa chair et de son sang....

Il s'arrête enfin..... Son cheval était tombé mort, épuisé de fatigue..... Sa femme respirait encore, la gloire du martyre avait retardé la venue de la mort. Une idée infernale traversait alors l'esprit du châtelain ; il y obéit. Enguerrand se déguise en prêtre.

Cette femme a protesté constamment de son innocence, pendant tout le temps du supplice que sa fureur lui a infligé. Enguerrand veut voler Dieu ; il veut connaître par la confession les derniers péchés de sa victime ; il veut apprendre enfin sa condamnation ou la sienne.

La déplorable châtelaine put à peine proférer quelques paroles ; elle put à peine adresser au faux ministre du Seigneur quelques syllabes incomprises ; mais tout à coup, et comme si le doigt de Dieu eût désengourdi les lèvres déjà crispées par l'agonie, elle s'écria :

— Je suis restée fidèle à mon cher époux Enguerrand , je meurs innocente du crime pour lequel il m'a puni ; je lui pardonne ma mort ; mais Dieu me défend de lui pardonner celle de mon cher enfant, trépassé sans baptème.

Et elle expira.

Telle fut la fin tragique de la belle Marie Anson, la châtelaine d'Alençon.

La chronique ajoute que son époux, le comte Enguerrand, livré aux remords les plus effroyables par le double meurtre de son enfant et de sa femme, ne tarda pas à abandonner son pays pour aller se séquestrer dans les ermitages des environs du Mont Saint-Michel. On dit aussi qu'avant de quitter pour toujours le manoir héréditaire et les sites aimés de sa chère patrie, il voulut tirer une vengeance éclatante du comte de Mortagne, l'odieux et criminel auteur de tous ses maux. Ce qu'il y a de certain, c'est que le comte de Mortagne disparut tout à

coup quelques mois après l'injuste châ-
timent de la châtelaine d'Alençon, et
qu'en 1174, lorsqu'on jeta les fondations
du nouveau château d'Alençon, on trouva, dans un souterrain du vieux manoir,
le squelette, armé de toutes pièces, d'un
guerrier, renfermé dans un pilier du
mur. L'attitude du squelette, la conser-
vation des os, la présence d'une cruche
de grès qui devait avoir contenu de l'eau,
prouvait assez que le guerrier avait été
enfermé vivant dans le pilier. On prétendit que c'était le comte de Mortagne.

Quant à l'indigne prêtre qui avait aidé
le comte de Mortagne dans l'accomplissement de son odieux dessein, Charlemagne, à qui le récit de cette funeste
aventure avait été fait, ordonna que cet
aumônier serait amené à Paris et jugé
par l'évêque et le chapitre de la cathédrale. Il fut condamné à une prison per-

pétuelle et renfermé dans une tour dont la fontaine que vous voyez a pris l'emplacement. Quelques gens prétendent même que les fondations de cette fontaine datent du temps de Charlemagne. Ce prêtre captif s'occupait, selon les traditions populaires, de magie et d'alchimie ; il avait même de fréquentes communications avec le démon. C'est par suite de cette croyance qu'on a appelé cette tour, dès le IXe siècle, la tour du Diable, et la fontaine a hérité de ce sobriquet infernal.

Tel fut à peu près le récit de Cazotte, que je n'ai pu qu'imparfaitement retenir, et que, pour apprécier, il fallait entendre de la bouche même de cet homme si spirituel et si singulier.

Depuis 1789, les apparitions de la Dame blanche d'Alençon n'existent plus ; le canon du 14 juillet a tué sans retour dans notre patrie les traditions, les croyances, la poésie, les naïves inspirations de l'art et de la foi, et tout cela est remplacé par le positivisme, l'incrédulité en tout, la corruption et le matérialisme.

XIV.

Le Nain du roi de Pologne. — Le Black-Acy. — Les
jeunes parlementaires jugés par d'Aguesseau. —
Influence de la guerre d'Amérique sur le barreau de
Paris. — Le marquis de Condorcet.

— Je veux augmenter votre clientèle,
me dit un jour mon père ; un de mes
voisins , jadis commensal et favori d'un
roi, m'a prié de lui procurer un avocat :
j'ai naturellement pensé à vous , et je
vous présenterai chez ce grand person-

nage dès demain , si vous n'y trouvez point d'empêchement.

— Je vous suis très obligé ; mon cher père, lui répondis-je, de votre bon souvenir et de votre sollicitude ; mais vous n'ignorez pas que je ne me charge point indistinctement de toutes les affaires qui me sont offertes.

— N'ayez aucune crainte, répartit mon père ; il s'agit tout simplement d'invoquer vos lumières sur la teneur d'un testament ; au surplus, la visite que je vous engage à faire n'aurait-elle pour résultat que de vous mettre en rapport avec l'un des hommes les plus rares de notre époque, vous n'auriez pas lieu de vous en plaindre.

— Et le nom de cet homme rare , de ce favori d'un roi ?

— Vous êtes bien curieux , répliqua mon père, mais je consens pourtant à sa-

tisfaire votre curiosité. Il s'agit de Claude
Miski, le nain en titre d'office du feu roi
de Pologne , Stanislas , beau-père de
Louis XV. Ce nain , qui a aujourd'hui
près de quatre-vingts ans , a acheté , il y
a quelques mois , la maison qui fait face
à la mienne ; il est venu me voir plusieurs
fois , je lui ai rendu ses visites , et nous
vivons sur le pied d'une intimité parfaite. C'est un homme qui a du sens , de
l'esprit même , et dont la conversation
vous intéressera, j'en suis sûr. Je n'ai pas
besoin de vous recommander une grande
circonspection lorsque vous le verrez
pour la première fois. L'exiguité de sa
taille , la forme de ses habits , qui re-
monte aux dernières années de la ré-
gence, et, plus que tout cela, le caractère
singulier de sa physionomie , me portent
à croire que ma recommandation n'est
pas inutile.

Mon père me mena dès le lendemain chez son nouvel ami. Nous traversâmes une longue enfilade de chambres et l'on nous introduisit, après quelques minutes d'attente , dans le cabinet de Claude Miski. Certes , j'eus besoin , pour ne pas rire, de me rappeler l'avis que mon père m'avait donné la veille.

Claude Miski avait vingt-six pouces de hauteur ; ses membres , admirablement proportionnés à sa taille , avaient encore conservé la souplesse et la grâce de la jeunesse ; mais sa figure , horriblement sillonnée de rides profondes, attestait des quatre-vingts hivers qui pesaient sur sa tête. Le nain était enveloppé d'une robe de chambre de brocard à ramage, et une vaste perruque à la Louis XIV engloutissait sa frêle et hideuse figure dans des flots de boucles parfumées. Sa voix tour à tour aigre et chevrotante , son regard

fin et malicieux, achevaient de donner à
cet abrégé d'homme un cachet d'originalité. En contemplant Claude Miski, je ne
pus m'empêcher de penser à mon cher
et honorable maître, M. Loiseau de Mauléon, et dans le parallèle que je faisais de
ces deux êtres si maltraités par la nature,
l'avantage restait à l'avocat. En effet, auprès de Claude Miski, M. Loiseau aurait
pu se croire un géant.

La connaissance fut bientôt faite. Le
petit vieillard, à la prière de mon père,
me conta les principaux événements de
sa vie. Il avait beaucoup voyagé, et le
poste qu'il occupait auprès du roi Stanislas, qui l'avait revêtu du titre ironique-
ment pompeux de *grand-écuyer*, l'avait
mis en rapport avec les personnages les
plus illustres du commencement du
XVIII° siècle. Il avait vu Charles XII, et
le rival de Pierre-le-Grand se plaisait à

le tenir des heures entières sur ses genoux pour lui faire chanter des ballades polonaises.

Lorsque le roi Stanislas détrôné, vint chercher un refuge en France, Claude Miski l'y suivit et fit partie de cette charmante petite cour de Lunéville, où Voltaire, Mme Duchatelet, la Beaumelle, Gentil Bernard et tant d'autres, faisaient assaut de talents, de grâces et d'esprit.

Claude Miski, avant de s'attacher à la fortune du roi Stanislas, avait été conduit en Angleterre par le comte Dolgorouki, noble polonais, sur les terres duquel il était né. Un séjour de quelques années dans la Grande-Bretagne lui avait facilité les moyens de bien apprendre la langue anglaise et d'étudier l'origine des lois de ce pays. Voici ce qu'il nous dit sur le fameux black-acy, loi établie en 1671.

Cette loi ne prononce pas la peine de

mort contre un criminel , quand la personne sur laquelle il a commis un meur--
tre n'est pas morte. En Angleterre , on
suit exactement la lettre de la loi et non
l'esprit. Celle-là s'exprime ainsi :

« Si quelqu'un, de dessein prémédité,
en un mot, de guet-apens, arrachait ou
seulement blessait la langue , coupait ou
blessait le nez ou les lèvres , arrachait ou
blessait les yeux , estropiait ou coupait
quelque membre , dans l'intention de
mal faire, lui , ses complices et ceux qui
lui auront conseillé ce crime , ainsi que
ceux qui en auront connaissance, ou qui
donneront asile au criminel , seront coupables de félonie et ne pourront jouir du
privilége du clergé. »

Ce privilége , poursuivit le nain , était
autrefois affecté seulement aux gens d'é-
glise ; mais aujourd'hui il s'étend sur les
laïques , dans la conviction de certains

crimes , et en particulier d'un meurtre involontaire. En vertu de ce privilége, on présente au criminel un livre latin, écrit en lettres gothiques, dont il doit lire deux ou trois versets , et si le commissaire de l'ordinaire prononce ces mots : *legit ut clericus*, le prisonnier est seulement marqué à la main avec un fer chaud et ensuite élargi , pourvu néanmoins que ce soit le premier crime dont il ait été convaincu , car autrement il est puni avec plus de rigueur.

Cet acte porte le nom de *Coventry*, parce qu'il a été rendu à l'occasion du meurtre commis sur la personne du chevalier Jean Coventry, membre des communes, qui avait été attaqué de nuit dans la rue et à qui l'on avait coupé le nez.

Ce membre du Parlement s'était opposé à plusieurs bills qui regardaient des sommes d'argent dont le roi avait besoin, et entr'autres à celui qui établissait un impôt d'un schelling sur chaque personne qui irait au spectacle dans les loges, six pences au parterre et trois pences aux autres places. Son discours fut accompagné de traits si offensants pour la royauté, que le monarque résolut d'en punir l'auteur. On apposta vingt-cinq gardes du duc de Monmouth, qui surprirent un soir Coventry et se mirent en devoir de lui couper le nez ; mais des citoyens, qui accoururent à ses cris, ne leur laissèrent que le temps d'en faire sauter une partie.

Cette violence fut regardée comme attentatoire à la liberté anglaise et occasionna de grands débats dans le Parlement. Le bon droit, la justice, l'humanité, l'emportèrent à la fin, et la loi qui porte le nom du malheureux chevalier fut promulguée.

Le nain avait su mettre à profit les nombreuses années de sa faveur pour se créer une existence indépendante. A la mort du roi Stanislas , il se trouvait possesseur d'une somme de cinquante mille écus , qu'il fit valoir avantageusement dans les fermes générales. Il connaissait parfaitement les lois anglaises , allemandes et polonaises , mais il ignorait complétement les nôtres.

C'était pour le guider dans le labyrinthe de notre jurisprudence que Claude Miski m'avait fait appeler. Chose admirable ! ce pauvre petit homme , dont la vie s'était passée à divertir les grands , avait trouvé , dans son perpétuel esclavage, assez de moments pour cultiver les sciences les plus abstraites et les arts les plus charmants. Claude Miski , en effet, était bon mathématicien, philologue distingué, légiste judicieux, peintre et musi-

cien agréable. La nature l'avait dédom-
magé de la structure fragile de son corps
par les dons de l'intelligence.

Dix-huit conseillers de la Grand'Chambre et des Enquêtes se démirent de leurs
offices deux ans après la réinstallation de
l'ancien Parlement.

Cette retraite simultanée des hommes
les plus graves et les plus éclairés de l'auguste compagnie jeta le public dans une
grande perplexité. Ces dix-huit conseillers furent à la vérité bientôt remplacés,
mais ils le furent par des jeunes gens dont
l'éducation judiciaire et publique était à
faire. On se rappela et on cita au Palais
ce portrait tracé de main de maître, par
l'illustre chancelier d'Aguesseau, des jeu-
conseillers de son temps :

« Ennuyé des plaisirs passés ou impa-
tient d'en goûter de nouveaux, fatigué de
sa propre paresse et chargé du poids de

son inutilité, ou voit un jeune magistrat monter négligemment sur le Tribunal. Il traîne avec tant de dégoût les marques extérieures de sa dignité qu'on dirait que comme un captif il gémit du lien auquel il se voit attaché ; livré aux caprices de ses pensées et à l'inquiétude d'une imagination vagabonde, il ne se contente pas d'errer dans le vaste pays de ses distractions, il veut encore des compagnons de ses égarements, et plaçant une conversation indécente dans le silence majestueux d'une audience publique, il trouble l'attention des autres juges et déconcerte souvent la timide éloquence des orateurs ; ou s'il fait quelque effort pour les écouter, bientôt l'ennui succède à la dissipation, et le chagrin qui est peint sur son visage fait trembler la partie et glace le défenseur. On le voit inquiet, agité, prévenir les suffrages des autres juges par des signes indiscrets et accuser en eux une lenteur salutaire qu'il devrait imiter. Une molle indolence pourra seule fixer cette agitation importune ; mais quelle peut être la dignité de celui qui ne doit sa tranquillité qu'à une langueur véritable ? Il semble que le Tribunal soit pour lui un lieu de repos, où il attend entre les bras du sommeil l'heure de ses affaires ou celle de ses plaisirs ; c'est ainsi que l'arbitre de la vie et de la fortune des hommes se prépare à porter un jugement irrévocable. »

Pourquoi cette vigoureuse peinture est-elle toujours neuve et toujours vraie !

La guerre, soutenue par les Américains du Nord contre la Métropole, prit, en 1776, un caractère de violence et de durée qu'elle n'avait point encore eu.

Les sympathies de la France se prononcèrent en faveur de l'Amérique, et bientôt une foule de jeunes gentilshommes briguèrent l'honneur de servir sous les drapeaux de la liberté naissante. Le comte de Saint-Germain , ministre de la guerre (qu'il ne faut pas confondre avec le comte de Saint-Germain dont il est question au commencement de ces souvenirs) , qui avait succédé au maréchal du Muy , vint en aide , sans le vouloir et sans le savoir peut-être , à la cause américaine. Il supprima , par des motifs d'économie , une partie de la maison militaire du roi (1), et jeta ainsi dans le champ des aventures une jeunesse ardente, amou-

(1) *La Maison Rouge* qui fut supprimée par M. de Saint-Germain se composait des deux compagnies de mousquetaires , de la Compagnie des Gendarmes de la garde et des Chevau-légers. La couleur des uniformes était rouge. — Les mousquetaires obtinrent en quittant le service du roi d'attacher leurs drapeaux aux voûtes de l'église de Valenciennes , ville que leur valeur et leur prudence avaient acquise un siècle auparavant à la France.

reuse du péril, et toujours disposée à soutenir le faible contre le fort : abstraction faite des doctrines politiques et des opinions inhérentes à la caste et au rang.

— On ne veut plus de nous, me dit le comte de Cerisy, qui était devenu sous-lieutenant dans les mousquetaires gris, depuis une année environ ; on ne veut plus de nous, mon cher camarade, et je vais être obligé de m'expatrier pour continuer une profession que j'aime.

— Et où comptez-vous aller ? quelle puissance voulez-vous servir ? La Russie, l'Autriche ou la Prusse ?

— Ni la Russie, ni l'Autriche, ni la Prusse, me répondit le comte. Quand l'épée du soldat ne peut plus se vouer à la défense de la patrie et à la splendeur du trône, elle doit se consacrer au service des opprimés. Je vais partir pour l'Amérique.

— Voilà une détermination digne de
de vous, mon cher camarade, lui dis-je.
Les tristes loisirs d'une vie de château ne
conviennent pas à l'activité de votre âme :
il vous faut des dangers à affronter, des
combats véritables à livrer. Entrez, mon
ami, entrez hardiment dans l'arène immense qui vous est ouverte et n'oubliez
pas qu'en défendant, au milieu des plai-
nes de Boston, le jeune et glorieux éten-
dard de la liberté américaine, vous ven-
gerez la France des journées de Crécy,
de Poitiers et d'Azincourt.

— Je l'espère bien, répartit Cerisy en
me serrant la main, et le comte de Cerisy
tint parole, comme j'aurai l'occasion de
le rappeler plus tard.

La guerre d'Amérique, qui le croirait,
eut une influence indirecte, mais sensi-
ble, sur les opinions, sur les études, sur
les tendances politiques et judiciaires du

Barreau de Paris. Dans le nombre des jeunes gens qui se mirent bravement en campagne pour secourir les Américains, on compte six avocats stagiaires dont les noms méritent d'être cités : MM^{es} Ravier, Sainblot, Coqueret, Noël, Sablon et Gaillard. Ces jeunes hommes entretinrent une correspondance active avec leurs amis de Paris ; dans des lettres remplies d'idées généreuses et de hautes pensées d'amélioration sociale et politique, ils leur faisaient part non seulement des opérations de la campagne, mais encore de la marche des affaires publiques, des délibérations des diverses assemblées législatives et du congrès appelé à consolider les destinées de l'Amérique. Ces lettres, où respiraient le patriotisme le plus pur et le dévouement le plus absolu aux intérêts de l'humanité, étaient lues avec une espèce de frénésie. Les jours où quelque avocat recevait une lettre timbrée de Boston ou Philadelphie, on s'assemblait à la bibliothèque; et là, celui qui l'avait reçue la lisait à haute voix à plus de cent cinquante auditeurs. Je me souviendrai toujours de l'effet que produisit M. Gerbier le jour où il nous fit part de la bataille d'Alby gagnée par les généraux Gates et Arnold sur le général anglais Burgoyne.

Précisément dans le même temps, le marquis de Lafayette, sous les ordres duquel marchaient tous les Français qui s'étaient voués au service de l'Amérique, enlevait un convoi considérable à lord Cornwallis, et lui faisait éprouver un échec assez grave.

— Messieurs, s'écria Gerbier de cette voix éclatante, qui faisait vibrer les âmes, réjouissons-nous! Nos alliés ont remporté une brillante victoire sur les

Anglais, et les épées françaises ont été
de quelques poids dans la balance de
la fortune. Réjouissons-nous encore une
fois, car au moment même où les généraux Gates et Arnold arrachaient les drapeaux sanglants aux bataillons de Burgoyne, le marquis de Lafayette assurait du
pain, de la poudre et des balles aux vainqueurs !

Cette lecture presque journalière de
bulletins, les considérations politiques,
financières, judiciaires même dont ces
lettres fort remarquables d'ailleurs étaient
remplies, firent éclore au sein du Barreau, je le répète, une foule d'idées
nouvelles. Les jeunes stagiaires entrevi-
rent au bout de la carrière d'avocat, une
autre voie qu'ils n'avaient point encore
aperçue : celle des honneurs politiques
et de l'ambition ; on rêva la puissance
populaire ; on étudia ailleurs que dans

Montesquieu le mécanisme du gouvernement anglais. Chacun enfin aiguisa ses armes dans le silence du cabinet, pour paraître, au signal convenu, armé de toutes pièces sur la place publique, et pour y disputer à la face du ciel, la palme du bien penser et du bien dire. La liberté apparaissait à tout le monde, pure, chaste et modeste, comme celle de l'Amérique, c'était à qui lui éleverait les premiers autels, et lui prodiguerait le premier encens. —

Chargé de l'éloge du duc de la Vrillière, le marquis de Condorcet, presque illustre déjà dans les sciences exactes, reçut un jour, du ministre Maurepas, un billet amical, où celui-ci l'invitait à hâter la composition du discours qu'il devait prononcer devant l'Académie française.

« Je ferai l'éloge de M. le duc de la

Vrillière comme homme privé, comme homme d'esprit même, mais ma conscience ne me permet pas de faire son apologie comme ministre et comme homme d'Etat, répondit le savant. »

Cette réponse du marquis de Condorcet piqua vivement M. de Maurepas, et tant que le ministre vécut, l'Académie française fut fermée à Condorcet; mais l'opinion publique le dédommagea de cette disgrâce, et, dans une fête où j'assistai, et que les avocats du Barreau de Paris donnèrent aux députés des Barreaux de Bordeaux, de Lyon et de Toulouse, Condorcet obtint les honneurs d'une ovation d'autant plus précieuse, qu'elle n'était point préparée.

M. d'Arcy, qui présidait le banquet, en sa qualité de doyen d'âge, adressa aux nombreux convives une allocution paternelle, qui se terminait par ces mots :

« Après la tempête, mes chers confrères, nous voici donc réunis, et réunis
pour toujours, j'en ai la douce certitude.
En goûtant le bonheur de cette concorde,
de cette union inaltérable, félicitons-
nous d'avoir pour témoins de nos sentiments et de nos vœux un philosophe, un
savant éminent, M. de Condorcet, qui
n'est point avocat, mais qui était digne
de l'être, puisqu'il n'a cessé de consacrer
sa plume au triomphe de la justice et de
la vérité (1). »

La plupart des avocats présents con-
naissaient les fragments qui avaient été
publiés dans plusieurs feuilles publiques

(1) Le duc de la Vrillière avait été le plus chaud
partisan et l'instrument le plus complaisant du despo-
tisme ombrageux de Louis XV. Ce duc avait fait un
assez grand usage des lettres de cachet. Condorcet, qui
avait refusé de prononcer son éloge, devait être bien
accueilli par des avocats dont la légalité est le palladium.

du livre de Condorcet intitulé : *Des Progrès de l'Esprit humain ;* personne n'ignorait la noble conduite qu'il avait tenue envers le premier ministre, aimant mieux ajourner la possession d'un titre littéraire qui lui était dû que de trahir les intérêts de la vérité. Il devint l'objet de l'attention générale, et tous les avocats le comblèrent de compliments et d'éloges. Condorcet répondit avec la modestie d'un sage et l'esprit d'un académicien.

Le Barreau lui donnait, dix-sept ans après, une haute et touchante preuve de souvenir (1) : trois avocats des ex-barreaux

(1) Un décret du 28 juillet 1794 l'avait mis hors la loi. Instruit par les journaux de ce décret, Condorcet dit à la généreuse femme qui l'avait reçu : « Il faut que je vous quitte, je suis hors la loi. — Si vous êtes hors la loi, lui dit-elle, vous n'êtes pas hors de l'humanité, restez. » Condorcet résista à ses instances ; il s'éloigna. Il se présenta à Sceaux, chez Suard, son ami ; il ne le trouva pas. Enfin, pressé par la faim, il entra dans un cabaret de Clamart. Là, il fut arrêté comme suspect. Il

de Rouen, de Toulouse et de Paris, se présentèrent à sa prison pour le consoler et pour le défendre. Condorcet n'existait plus.

voulut se faire passer pour un ancien domestique, mais un *Horace*, avec des notes marginales de sa main, devint sa perte. On le saisit et on le conduisit au Bourg-la-Reine, où il fut jeté et oublié pendant quarante-huit heures dans un cachot. Celui qui vint le lendemain le trouva mort. Condorcet s'était-il empoisonné, ou était-il mort de faim ? C'est une question qui n'est pas encore résolue.

FIN DU TOME PREMIER.

TABLE

III.

IV.

V.

VI.

VII.

VIII.

IX.

X.

XI.

XII.

XIII.

XIV.

FIN DE LA TABLE.

Angers.—Imp. Cosnier et Lachèse.